Pensando bem

Dom Itamar Vian
Frei Aldo Colombo

Pensando bem

Histórias e parábolas sobre a arte de viver e conviver

Dados Internacionais de Catalogação na Publicação (CIP)
(Câmara Brasileira do Livro, SP, Brasil)

Vian, Itamar
    Pensando bem : histórias e parábolas sobre a arte de viver e conviver / Dom Itamar Vian, Frei Aldo Colombo. -- São Paulo: Paulinas, 2017. -- (Sabor de vida)

    ISBN: 978-85-356-4294-0

    1. Conduta de vida - Aspectos religiosos 2. Espiritualidade 3. Jesus Cristo - Ensinamentos 4. Meditações 5. Vida - Aspectos religiosos - Cristianismo I. Colombo, Aldo. II. Título III. Série.

17-03542   CDD-248.4

Índice para catálogo sistemático:
1. Histórias e parábolas : Filosofia de vida cristã   248.4

1ª edição – 2017

Direção-geral: Flávia Reginatto
Editora responsável: Andréia Schweitzer
Coordenação de revisão: Marina Mendonça
Copidesque: Ana Cecília Mari
Revisão: Sandra Sinzato
Gerente de produção: Felício Calegaro Neto
Diagramação: Jéssica Diniz Souza
Imagem de capa: Fotolia – © jakkapan

Nenhuma parte desta obra pode ser reproduzida ou transmitida por qualquer forma e/ou quaisquer meios (eletrônico ou mecânico, incluindo fotocópia e gravação) ou arquivada em qualquer sistema ou banco de dados sem permissão escrita da Editora. Direitos reservados.

Paulinas
Rua Dona Inácia Uchoa, 62
04110-020 – São Paulo – SP (Brasil)
Tel.: (11) 2125-3500
http://www.paulinas.org.br– editora@paulinas.com.br
Telemarketing: 0800-7010081
© Pia Sociedade Filhas de São Paulo, São Paulo, 2017

Sumário

Apresentação 9

O jeito de caminhar 11

Só o bem vence o mal.. 13

Viciados em trabalhar... 15

Os culpados são os outros... 17

Razões para mentir 19

É preciso ser feliz...21

Os defeitos de Jesus...23

Sua majestade, a gula 26

O céu se constrói aqui..28

Prisão para minha mãe...30

Como educar os filhos 32

A estrelinha verde 34

Isso pode ser contagioso 37

A arte de dar presentes..39

Como perder clientes 41

Tempo e amor na educação..44

A melhor parte da vida..46

A justiça divina e humana...48

Promessas para o ano que vem......................................50

A estrela que nos guia 53

A velha e a nova agenda 55

Deixar para amanhã 57

Compromisso com a luta 59

As duas faces da moeda 61

Eu acredito no destino..63

Vantagens do sorriso 66

Com quem fica o cachorro? 68

Deus apaga o pecado 71

Dê uma chance ao planeta...73

Casar no céu e viver na terra 75

Meus amigos e os outros 77

Sabedoria da tartaruga 79

Soma de ganhos e perdas 81

Certezas que enganam...84

Dar lugar ao diferente 86

O "sim" e "não" na hora certa..89

Dúvidas sobre o dinheiro...91

O lance inicial é seu 93

Nunca é cedo ou tarde...95

A mudança de marcha...97

Mantenha sempre a calma...99

Entre o absurdo e o sentido 102

O silêncio dos bons 104

Como encarar o desafio 106

Perguntas e respostas 108

Francisco, o irmão de todos 110

Falsificaram o Natal 112

Eu vi o Senhor! 114

Brincando com a morte 116

Apresentação

Para mim, é motivo de alegria e satisfação apresentar este precioso livro, *Pensando bem*, do querido irmão no episcopado, Dom Itamar Vian.

Ele traz histórias e causos que nos falam da vida, da simplicidade das coisas, apontando-nos para o verdadeiro sentido da existência humana. Seu método não poderia ser outro: nosso autor segue aquele que, contando histórias e parábolas, passando de aldeia em aldeia, passou a vida fazendo o bem, o Mestre Jesus Cristo, o Bom Pastor.

Pensando bem é uma obra que anuncia a esperança, ensina a arte de viver e conviver. Seu texto, de fácil leitura e com temas relevantes para o nosso tempo, é capaz de dialogar com este mundo novo que desafia e nos faz perceber nele, como nos ensina o Concílio Vaticano II, as sementes do Verbo Encarnado, esse Deus de amor e misericórdia que nos ama e nos quer bem.

Que a leitura deste livro, como tem acontecido com os anteriores, proporcione aos leitores momentos de alegria e profunda adesão a Cristo Jesus e a sua Igreja.

Dom Zanoni Demettino Castro
Arcebispo Metropolitano
de Feira de Santana (Bahia)

O jeito de caminhar

Morando numa chácara do interior, um homem ganhou de presente três cachorros. Foi buscar os animais com sua carroça. Amarrou os três na parte traseira do carro de boi. Um dos animais se rebelou contra a coleira e contra a viagem. Mordia a corda e era arrastado. Outro cachorro, após examinar a situação, convenceu-se de que não havia remédio, a não ser obedecer. Seguiu tranquilamente o carro de boi. Mas o terceiro pulou para dentro da carroça e, confortavelmente, seguiu viagem.

De alguma maneira, essa alegoria retrata a vida das pessoas. Temos todos um ponto de partida e um ponto de chegada. A nós cabe escolher a melhor maneira de viajar. O primeiro grupo é o dos revoltados. Estão convencidos de que o mundo está contra eles, que o destino os tratou mal ou, na melhor das hipóteses, que eles não têm sorte. Caminham na vida resmungando, arrastando a cruz, na sua opinião, a mais pesada.

O segundo grupo é integrado pelos conformistas: já que está assim, deixa assim, e passam pela vida sem grandes paixões, sem grandes revoltas, sem grandes alegrias. Existem, enfim, aqueles que aceitam a situação e tratam de descobrir as melhores soluções para a viagem da vida. Se o destino me deu um limão, pensam eles, nada como transformá-lo em limonada.

As três alternativas se repetem em toda parte. É, por exemplo, o caso do casamento. O sonho não se realizou e passam a vida praguejando: maldito o dia em que casei. O conformismo marca o segundo grupo. A rotina predomina na viagem a dois. Podem até parecer felizes, mas são dominados por um grande tédio. Por fim, a atitude inteligente. A partir da situação concreta, da vida familiar, as pessoas buscam a melhor forma de resolver a situação, seja através do diálogo ou até se calando, seja fingindo não ver nem perceber as coisas.

Na caminhada da fé, o primeiro grupo segue as leis, por obrigação, criticando tudo e todos. O segundo grupo é marcado por uma constante rotina. São bons cristãos, vão à missa dominical e têm um mínimo de entusiasmo. O terceiro grupo busca na fé a força e o melhor meio de caminhar.

Há na vida coisas que não podemos mudar e outras que devemos mudar. A sabedoria está em distinguir uma da outra; a virtude está em escolher a melhor alternativa. E, em todas as situações, jamais pode faltar o amor. O caminho está traçado, e o jeito de caminhar, nós é que o escolhemos.

Só o bem vence o mal

Houve uma briga entre duas comadres e, em função disso, a inimizade se estabeleceu. As duas nem se cumprimentavam. Com o tempo, dona Luiza chegou à conclusão de que essa atitude era infantil e não servia para nenhuma das duas e, por isso, resolveu tentar a reconciliação.

Uma semana depois, encontrou a comadre, Maria Eduarda. Cumprimentou-a e disse: "Estamos nessa desavença há anos, sem nenhum motivo grave. Quem sabe, a partir de hoje, podemos fazer as pazes e viver como duas boas e velhas amigas". "Vou pensar no caso", respondeu ela, "e dou a resposta nos próximos dias."

"Partindo de dona Luiza", pensou Maria Eduarda, "coisa boa não deve ser. Qual será o golpe que está preparando? Mas ela não me engana." Chegando a casa, Maria Eduarda preparou uma cesta de presentes, cobrindo-a com um lindo papel, mas encheu-a de esterco de gado. Mandou sua empregada levar o presente, com uma dedicatória: "Aceito sua proposta de amizade e, para selar nosso compromisso, envio este maravilhoso presente". Dona Luiza, naturalmente, não gostou, mas não se exaltou. Era evidente que a comadre preferia a guerra.

Alguns meses depois, foi a vez de dona Luiza presentear sua comadre. Enviou a ela uma caprichada cesta.

Desconfiada, Maria Eduarda pensou em jogar tudo no lixo, mas a curiosidade a venceu e ela abriu a caixa. Lá estava um vaso com lindas rosas, acompanhado de uma dedicatória: "Ofereço estas rosas como sinal de nossa amizade; foram cultivadas com o adubo que você me enviou!".

A sabedoria popular ensina que somente podemos dar aquilo que possuímos. É no coração que se originam as coisas boas e más. É ainda o coração que tem a possibilidade de profanar as coisas boas e transformar as negativas. Uma arma nunca é mortal. Ela se torna mortal quando alimentada pelo ódio. Uma bomba nas mãos de São Francisco não ofereceria nenhum perigo, mas um coração irado pode agredir até com um ramo de flores.

Se pagarmos o mal com o mal, estaremos devolvendo-o com a mesma moeda e o receberemos de volta. Se pagarmos o mal com o bem, estaremos figurando entre os discípulos do Mestre. Somente o bem é capaz de vencer o mal. Perdoar é zerar o mal. E, quando fizermos isso, a paz infinita descerá sobre nós. O perdão cura, alivia e salva. Perdoar é a maior recompensa que podemos dar a nós mesmos.

Viciados em trabalhar

Um empresário, dono de várias empresas, depois de anos de trabalho, conseguiu passar uma semana com a família numa pousada na ilha do Bananal. Num passeio no rio Araguaia, conheceu um pescador. Todos os dias ele ia a um ponto privilegiado do rio, com seu barco movido a remos, e fisgava dois peixes. Um era para a família, e o outro ele vendia e comprava produtos para sua alimentação diária.

Nasceu entre eles certa amizade, e o empresário achou-se no direito de sugerir-lhe um futuro melhor. Ele poderia pescar mais peixes e, com as economias, compraria um barco a motor. Com maiores lucros, poderia comprar um segundo barco, que confiaria a um empregado. O passo seguinte seria construir uma pequena câmara fria onde armazenaria o pescado, para oferecer aos hotéis e supermercados. E, depois disso, poderia construir uma casa confortável na ilha, ampliar seu negócio e mesmo transferir-se para a capital.

"Suponha que eu consiga tudo isso", disse o pescador, "mas quais seriam as vantagens?". "Você poderia fazer turismo, como eu faço, curtir a vida e, até mesmo, poderia vir a esta ilha encantadora e, por puro prazer, pescar alguns peixes...", disse o empresário. Com um sorriso, o pescador concluiu a conversa dizendo: "Ou seja, fazer exatamente aquilo que já faço".

Na vida, corremos o risco de criar algumas dependências. Existem hábitos que acabam ficando muito fortes, tornando-se fardos que condicionam nosso modo de ser. Eis algumas das dependências mais comuns: a droga, o fumo, a bebida, o sexo, a internet... Há outras, mais disfarçadas, mas não menos perigosas. É o caso da preguiça e da atitude contrária, o excesso de trabalho. Muitas pessoas são viciadas em trabalho.

O trabalho é uma necessidade. São Paulo dizia: "Quem não quer trabalhar, também não deve comer" (2Ts 3,10). Para Calvino, a preguiça era o pior defeito. O trabalho é um serviço que prestamos aos demais e, com ele, ajudamos Deus a concluir a criação do mundo. Quando é benfeito, transforma-se em oração. Se passa dos limites, torna-se perigosa dependência. Esta dependência compromete a família, a fé, a saúde, os amigos, e costuma associar-se à ganância, fazendo-se do dinheiro um ídolo.

Quais são as coisas mais importantes? É a família, a religião, o trabalho, o descanso, o serviço gratuito, as amizades... Em função deles, devemos estabelecer prioridades e organizar nossa vida. Essa é a receita para ser livre e feliz.

Os culpados são os outros

A empresa ia de mal a pior. Os prejuízos se acumulavam nos últimos anos e os próprios funcionários estavam desmotivados. Uns achavam que a culpa era da direção, outros, que era a crise e a situação do país. Um terceiro grupo era da opinião de que os funcionários é que eram péssimos. Havia um ponto em que todos concordavam: a empresa não tinha futuro. Para reverter a situação, foi chamado um especialista. Após duas semanas, ele concluiu o trabalho e anunciou que apresentaria a solução na semana seguinte, pois a empresa era viável.

Quando os funcionários e a direção da empresa chegaram, na segunda-feira, encontraram na portaria um cartaz que dizia: "Faleceu ontem a pessoa que impedia o crescimento desta empresa". Em letras menores se informava que o velório estava acontecendo na parte central da empresa. Um misto de alívio e pesar se apoderou de todos: quem será que estava atrapalhando a empresa e o seu progresso?

Os funcionários se dirigiram ao local, onde estava armado um caixão, com música de fundo e as clássicas velas. Em fila, um por vez se aproximava do caixão e olhava para dentro deste. No lugar do cadáver havia um espelho, onde cada um via o responsável pela péssima fase da empresa: o próprio rosto.

É tentador procurar culpados, mas mais inteligente é encontrar soluções. E muitas vezes devemos admitir que a culpa, ao menos em parte, é nossa e que a solução começa pela nossa atuação. Culpar os outros é uma tentação que aparece logo nas primeiras páginas da Bíblia: Adão, surpreendido no erro, atribuiu a culpa a Eva; esta apontou a cobra como sendo a responsável.

Adão e Eva queriam ser semelhantes a Deus. Isso significa perfeição e, sobretudo, ausência de culpa. Essa tentação perpassa pela humanidade. Culpado é o governo, culpada é a oposição, culpados são os partidos políticos, os sindicalistas, os empresários, os pobres. Enfim, culpados são os outros. Este círculo vicioso surge nas mais diferentes instituições: na família, na Igreja, nos clubes de futebol, nas empresas. O que falta é um espelho onde todos possamos ver o próprio rosto.

O presidente norte-americano John Kennedy, em seu discurso de posse, desafiou os cidadãos: "Não perguntem o que o governo pode fazer por vocês, mas o que vocês podem fazer pelo país". Todos queremos mudar o mundo. Isso é muito bom. Mas, para que isso aconteça, devemos começar por nós mesmos. Se todos varrerem o próprio pátio, o mundo ficará limpo. E, se o mundo ficar limpo, não precisaremos culpar os outros. Devemos afirmar isso, a cada manhã, para o rosto que vemos refletido em nosso espelho.

Razões para mentir

Uma pesquisa feita nos Estados Unidos revela que 91% da população admite que mente de vez em quando... pelo menos uma vez por semana. É possível que alguns dos restantes 9% tenham mentido ao responder a enquete. A arte de mentir nasceu junto com a humanidade. Filha do pecado, é impossível que desapareça algum dia.

A pesquisa procurou saber também porque as pessoas mentem. Foram apontados cinco "bons motivos" para não se dizer a verdade: obter um emprego, encobrir um erro cometido, embelezar um relatório, manchar a reputação de alguém e encobrir outra mentira.

A mentira se apresenta de muitas maneiras, desde a mentira infantil, a mentira social, a mentira política, até as enganadoras estatísticas. No dia 8 de agosto de 1974, Richard Nixon, o 37º presidente dos Estados Unidos, teve de renunciar porque foi provado que havia mentido.

Na realidade não existe nenhum motivo bom, nenhum motivo justo para mentir. A mentira pode solucionar uma situação momentânea, mas provoca muitos outros problemas. É significativo um dos cinco motivos que se apontou acima para mentir: encobrir outra mentira. A pessoa mentirosa torna-se refém da sua mentira e irá continuar mentindo até ser desmascarada. O bom senso do povo garante: o diabo faz a panela, mas não faz a tampa. Por sinal, o diabo é considerado o Pai da Mentira.

Alguns mentirosos acabam inclusive acreditando em sua própria mentira. Enganar os outros é condenável, mas enganar a si mesmo é trágico. Ao ser desmascarado, o mentiroso apela para uma infinidade de desculpas. As mais frequentes são: eu não sabia, foi engano, fui mal-entendido, não vi, ouvi de outra pessoa, fulano me disse.

Na Olimpíada de 1928, em Amsterdã, o juiz estava prestes a dar a medalha de ouro ao francês Lucien Gaudin, na prova de esgrima. O francês, porém, tirando a máscara de proteção, confessou ao juiz uma infração. Perdeu a medalha, mas seu nome e seu caráter ficaram nas páginas de ouro da história.

É sempre condenável mentir, mas existem três pessoas a quem não se deve mentir de jeito nenhum: o padre, o médico e o advogado. Os três não poderão realizar seu trabalho, se não partirem da verdade, porque a mentira poderá voltar-se contra o mentiroso. É por isso que a sabedoria do Evangelho esclarece: "A verdade vos libertará" (Jo 8,32).

É preciso ser feliz

Um atleta norte-americano, aos 21 anos, viu seu sonho de felicidade desmoronar ao se tornar paraplégico. Ele desejava ter saúde, força, habilidade, riqueza e glória. A dura realidade trouxe a limitação física, a dependência, o anonimato e a pobreza. Mas ele não se entregou ao pessimismo. Tratou de ser feliz de outra maneira. Após um estágio de amargura e frustração, encontrou um novo sentido para a vida.

Em sua oração, reconhecia: "Deus não me deu aquilo que pedi, mas ele me deu coisas melhores. Pedi a Deus a riqueza, para poder ser feliz. Ele me mostrou que na pobreza podemos ser mais prudentes e felizes. Pedi a Deus sucesso, e ele me deu a pobreza. Pedi a Deus tudo para gozar a vida. Ele me concedeu a vida para saborear todas as coisas. Nada do que pedi, eu recebi. Contudo, obrigado, Senhor, porque recebi milhões de coisas belas que eu não pedi. Hoje entendo que fui maravilhosamente contemplado".

Em todos os seus atos, do nascer ao morrer, a criatura humana procura a felicidade. Isso vale para todos os povos e culturas, independentemente de idade, sabedoria ou qualquer outra circunstância. No entanto, muitas vezes, a pessoa se engana e, por isso, troca o desejo de ser feliz por momentos felizes. E esses momentos felizes podem se transformar em amargura no dia seguinte. No compasso entre o desejo de ser feliz e o sofrimento, transcorre e vida.

A vida quase nunca é como a sonhamos. A sabedoria nos pede que acolhamos a vida como de fato ela é. É inútil lamentar o que a vida fez conosco. É inteligente avaliar o que fizemos com aquilo que a vida fez conosco. O passado, com seu fatalismo ou não, é definitivo. Nova pode ser nossa resposta. Sobre a ruína de um sonho, podemos construir novos e maravilhosos sonhos. Seja qual for o golpe que o destino nos tenha dado, temos a obrigação de continuar sendo felizes de outra maneira.

Há uma pedra em nosso caminho? O distraído tropeça nela, o violento faz dela um projétil, o pessimista constrói o muro das lamentações. No entanto, existem outras saídas: a criança pode, por exemplo, fazer dessa pedra um brinquedo, o construtor pode usá-la como pedra fundamental da casa, o camponês, cansado, pode sentar-se nela, e o pequeno Davi, como mencionado na Bíblia, usou-a para abater o gigante Golias. Tudo dependerá de como a utilizaremos.

A pessoa inteligente vê a pedra não como dificuldade, mas como oportunidade. A pedra pode ser esquecida à beira do caminho, pois a vida continua. A pedra em que tropeçamos deve servir para um novo começar, de maneira mais inteligente. Judas e Pedro tropeçaram nela. Mas somente Pedro fez desse momento o início de uma nova caminhada. E foi feliz.

Os defeitos de Jesus

Quem foi esse Jesus de quem se fala tanto, há tanto tempo e tantas coisas, tendo muitos contra e muitos a favor? A pergunta se encontra numa canção do Padre Zezinho. Mesmo os que não têm fé são obrigados a reconhecer que ele é a figura central da história. Nascido numa gruta nos confins do mundo, morreu na cruz. Sobre ele foram feitas tantas teses, se escreveram tantos livros, foram feitos filmes, esculpidas estátuas, pintados quadros. Ele dividiu a história ao meio: há o antes e o depois dele.

Nem todos o aceitam, e muitos o ignoram. Em sua primeira apresentação pública, o velho Simeão disse que ele seria sinal de contradição (Lc 2,34). Juliano Apóstata, último sucessor de Constantino, após fracassar na tentativa de reintroduzir o paganismo e se encontrar moribundo no campo de batalha, jogou um pouco de seu sangue contra o céu e admitiu: "Venceste, Galileu!".

François Van Thuan, bispo vietnamita, por causa de Jesus, ficou 17 anos numa prisão, solitário. Libertado em 2002, escreveu sobre sua experiência. No livro *O caminho da esperança*,[1] Thuan descobriu alguns defeitos de

---

[1] NGUYEN, Phanxico Xavie Van Thuan. *O caminho da esperança*: testemunhar com alegria o fato de pertencer a Cristo. Bauru: EdUSC, 2000.

Jesus. Eis alguns deles: não tinha boa memória, porque não só esqueceu os pecados do ladrão que estava com ele na cruz e prometeu-lhe o paraíso para aquele mesmo dia, mas também a rebeldia do filho pródigo e, no regresso, recebeu-o com festa. Além disso, Jesus parece que não passaria num exame de matemática: abandonou 99 ovelhas e foi em busca de uma única que se havia perdido (Lc 15,4). Mais: não entendia de finanças. Contratou operários para a vinha. Uns começaram de manhã cedo, outros ao meio-dia, e alguns retardatários chegaram ao fim da tarde. Todos receberam a mesma paga (Mt 20,1).

Geraldo de Almada descobriu outra falha em Jesus: ele não foi um bom treinador. Na realidade, foi ajudante do carpinteiro José. Porém, não restam dúvidas de que ele montou uma equipe. Em primeiro lugar: escolheu mal essa equipe. Em vez de onze, escolheu doze jogadores. Talvez porque duvidasse do grupo. O capitão da equipe foi um certo Simão Pedro, escolhido a dedo. É preciso admitir que Pedro fez belas exibições, mas falhou na partida decisiva. Jogou fora a camisa e disse não conhecer o treinador. Outro jogador, Judas, vendeu-se e entregou o Mestre aos inimigos. Os outros fugiram, abandonaram a equipe em meio à partida decisiva.

Jesus, mais uma vez, hoje, continua escolhendo jogadores fracos: eu, você e os demais. O incrível é que esse time continua invicto. E Jesus garante: os adversá-rios nunca triunfarão (Mt 16,18).

O Bispo Van Thuan explicou: "Abandonei tudo para seguir Jesus porque amo seus defeitos: ele é perdão e misericórdia".

Sua majestade, a gula

Foi o Papa Gregório Magno, no final do século VI, quem definiu a lista dos sete pecados capitais. São atitudes humanas contrárias às leis divinas. Aqui estão eles: luxúria, gula, avareza, ira, soberba, vaidade e preguiça. Observando a relação, somos obrigados a admitir que todos eles – pouco ou muito – nos afetam. A moral nos ensina a fugir de todos, mas existe um deles que nos atinge em cheio e do qual não mostramos muito arrependimento: Sua majestade, a gula.

Pelas atuais estatísticas, no mundo, pelo menos 950 milhões de pessoas estão desnutridas, mas 1,5 bilhão sofre de obesidade. O excesso de comida mata mais que a fome no mundo. Os estudiosos divergem; seria a gula um pecado ou uma enfermidade? Possivelmente, as duas coisas. E nada indica que a gula vá diminuir no futuro. Também não se trata de um pecado moderno. Tácito e Suetônio nos deixaram vergonhosos relatos dos banquetes romanos.

O jejum é uma insistência bíblica e um convite à moderação. E todos estamos de acordo que o jejum faz bem ao corpo e à alma. Não se trata de jejuar para economizar ou perder peso, mas para partilhar com os menos favorecidos. Na multiplicação dos pães, Jesus recomendou que se recolhessem as sobras (Mt 14,20).

Não faltam defensores da boa mesa. O próprio Jesus não recusava convite para almoçar ou jantar. E o Papa Bom – João XXIII – sugeria: não chame de gula, mas de apetite. E para algum bispo que tivesse escrúpulo em aceitar um cálice de licor, o papa explicava: "Deus não fez as coisas boas só para os maus".

O corpo é nosso companheiro na luta e será companheiro também na glória. Ele também deve estar sujeito à lei do meio-termo. A sabedoria popular traduz isto: comer para viver e não viver para comer. Cuidar do corpo é dar-lhe as melhores condições para a vida, para o trabalho e para o serviço ao próximo. Hoje a medicina nos diz como, o que e quanto comer.

Deus é sempre o mesmo, mas a história caminha e a lei do amor precisa ser confrontada com a realidade. Nesse sentido, os moralistas apontam sete novos pecados capitais, adaptados à era da globalização. Isso sem desativar os outros. São eles: uso de drogas, poluição ambiental, agravamento da injustiça social, riqueza excessiva, geração de pobreza, desperdício de alimentos e violações bioéticas.

É bom recordar que Deus nos deixou os Dez Mandamentos como caminhos de felicidade. Todos eles nos ensinam a cuidar da vida e amar ao próximo.

O céu se constrói aqui

Tales de Mileto foi um dos chamados sete sábios da Grécia. Em determinada oportunidade, refletia sobre o significado dos astros para a existência. Absorto em contemplar o céu estrelado, caiu num buraco e quebrou uma perna. Uma mulher, que a tudo assistiu, comentou: "Esse aí se preocupa tanto com o que se passa no céu e não sabe o que existe debaixo dos seus pés".

A primeira frase da Bíblia proclama: "no início Deus criou o céu e a terra" (Gn 1,1). Seria perigoso separar o que Deus uniu. Ele criou o céu e a terra. Na prática, essas duas realidades aparecem separadas. Há os que dão importância absoluta ao céu e esquecem a terra. Outros, ao contrário, tudo apostam na terra, ignorando completamente o céu.

A corrente materialista garante que tudo acontece na terra, e que o céu é uma utopia, ou seja, lugar nenhum. Karl Marx dizia que o céu é uma alienação com objetivos bem definidos: iludir os pobres da terra – algo que interessa aos poderosos. O céu da igualdade, sustenta o pensador alemão, deve acontecer aqui, com pão, terra e liberdade para todos. Para ele, a religião constituía o ópio do povo.

A corrente espiritualista só aposta no depois, ignorando totalmente a terra. Vale a pena sofrer agora, aguardando a felicidade definitiva do céu. Nessa perspectiva, a terra é apenas uma estrada, em péssimas condições, mas que nos leva à pátria desejada. O devoto ergue, com fervor, os braços para o alto, mas esquece de estendê-los aos irmãos. De acordo com essa teologia, seria suficiente celebrar festivamente, ter uma vida mortificada e de acordo com as leis de Deus e da Igreja. Mas o mundo não teria jeito.

A terra sem céu se transforma num deserto sem vida e sem horizontes. De alguma maneira, justificaria o absurdo e a vida sem sentido. Mas o céu sem a terra se transforma em religião alienada e triste. Assim, de nada adiantaria lutar contra o fatalismo, marcado pela supremacia do mal no mundo. A consciência e a vida individual seriam o santuário de Deus.

Existe a tendência de separar o sagrado do profano. O templo e as coisas de Deus seriam sagrados, enquanto as demais realidades seriam profanas. Na realidade, podemos profanar as melhores coisas, mas podemos – e devemos – tornar sagradas todas as coisas. O céu se constrói aqui. É uma casa que construímos aqui na terra, mas que habitaremos depois. Devemos, ao longo da vida, olhar as realidades do céu, mas tomando cuidando com onde pisam nossos pés.

Prisão para minha mãe

Impossível esquecer o que ela me fez. Deveria ser presa. De preferência, prisão perpétua. Ela, na infância, algumas vezes me bateu, me colocou de castigo, me fez rezar todas as noites, todo dia mandava que eu fosse à escola... Mesmo sendo quase analfabeta, examinava todos os dias os meus deveres. Aos 14 anos, me botou para trabalhar. Nessa época não se falava da exploração de mão de obra infantil.

Suas arbitrariedades não terminaram aí. Impedia--me de sair com meus melhores amigos só porque eles usavam drogas e ingeriam bebidas alcoólicas. Lá pelas tantas, cismou que eu tinha de ingressar na universidade. Tanto fez, que dobrou minha vontade. Ainda agora, ela telefona para saber se eu estou resfriado e se fui à missa. Aproveita a ocasião para dar alguns conselhos suplementares.

É preciso reconhecer, em seu favor, algumas coisas. Às vezes, passava a mão, com ternura, em meus cabelos, enxugava minhas lágrimas, sempre sabia como curar as feridas e tinha o chá certo para cada ocasião. E, quando algum insucesso me aborrecia, sorrindo, ela afirmava: "Isso também vai passar...".

Já a distância, os anos pesam sobre ela, e eu não mudo de opinião. Minha mãe merece prisão perpétua em meu coração, porque fez de mim uma pessoa de bem. Foi a mestra que me ensinou a distinguir entre o bem e o mal, entre o certo e o errado, entre as aparências e a realidade. Ela me fez saber que, na vida, há fronteiras que devem ser respeitadas. Minha mãe sempre me mostrou que o sim e o não fazem parte de nossa vida. Ela não se preocupou em apontar o bom caminho. Apenas dizia: "Filho, caminha comigo, pois eu estou no bom caminho". Ela me deixou uma norma que nunca esquecerei: quando estiver em dúvida, imagine o que diria sua mãe.

Hoje, sustenta-se que os filhos não devem ser corrigidos, porque eles ficariam com uma baixa autoimagem, complexados, assumiriam uma postura de derrotados. São teses alienadas. Não basta querer bem os filhos, mas querer o bem deles. Eles precisam saber que há fronteiras e que essas fronteiras devem ser respeitadas. Já se dizia: se os pais não fixarem limites, a vida se encarregará de fazê-lo.

Obrigado, mãe, porque você forjou meu caráter, me ensinou a viver em paz com todos e fez de mim uma pessoa de bem. Mesmo depois que você partir deste mundo, continuará presa nas cadeias da minha gratidão e do meu amor.

Como educar os filhos

Um famoso palestrante ganhava a vida como especialista em educação. O auditório lotava para ouvir suas orientações. Título da sua palestra: "Os dez mandamentos para educar os filhos". Tinha resposta para tudo. Era solteiro e sem filhos. Um dia, casou com a mulher de seus sonhos e nasceu o primeiro filho. Diante da nova realidade, mudou o título da palestra: "Dez regras de ouro para a educação dos filhos". O tempo passou e o palestrante tornou-se pai pela segunda vez. Continuou a dar palestras, com mais humildade. O título agora era: "Dez sugestões para educar os filhos". A autossuficiência foi substituída pela humildade. A teoria precisou levar em conta a prática.

Um psicólogo tinha cinco normas infalíveis para educar os filhos. Anos depois, pai de cinco filhos, admitiu que não possuía normas definitivas, mas pistas sobre a educação. Cada filho é único.

Vivemos um tempo de mudanças: "Tudo o que é sólido se desmancha no ar", garante Marshall Berman (1940-2013). O que, no passado, acontecia ao longo de um século, hoje acontece em seis meses.

Há algumas décadas, o aprendizado da criança passava por um círculo fechado: pais, professora, Igreja. Hoje é cada vez menor o tempo de convivência entre pais e filhos e diminuiu a influência da família, da escola e da Igreja. Com o decréscimo destas referências, surgiram outras matrizes de educação e conhecimento, sobretudo a partir da televisão, da internet e de toda a diversidade da informática.

Um empresário, sempre que recebia um projeto para sua empresa, pedia: faça mais dois projetos diferentes. Há muitas maneiras de fazer a mesma coisa. O que há vinte anos surgia como última novidade, hoje provoca risos.

Mudam as técnicas, mudam os pontos de vista, mudam as dinâmicas, mas os valores permanecem. A chave da educação permanece sempre igual. Educar supõe amor. Um amor exigente, responsável e flexível. Isso implica uma trindade de atitudes: amor, firmeza e diálogo. E, quando isso não dá certo, é preciso recomeçar a partir do perdão. O amor pode demorar para apresentar resultados, mas não tem alternativas. E o amor não é dogmático e deve transitar em mão dupla. Já o diálogo torna necessário saber escutar e admitir: talvez ele tenha razão.

Até mesmo Adão e Eva tiveram problemas com os filhos. Hoje, os problemas se multiplicaram, mas uma certeza permanece: educar é possível. E isso requer também educar-se. A formação não termina nunca.

A estrelinha verde

Um dia as estrelas do céu pediram a Deus para visitar a terra. O pedido foi aceito e, naquela noite, houve uma maravilhosa chuva de estrelas de todas as cores: azuis, amarelas, douradas, vermelhas, prateadas, brancas... Para que não assustassem as pessoas, Deus permitiu que elas continuassem pequenas como são vistas da terra. Cada estrela procurou um lugar para ficar. Uma delas escolheu a torre de uma igreja, outra preferiu o campo, misturando-se aos vaga-lumes, e outra ficou numa movimentada encruzilhada.

Passado algum tempo, as estrelas regressaram ao céu. E, como justificativa, alegaram que a terra não era um bom lugar para ficar. Era escura e triste. Lá existia muita maldade, ódio, poluição, fome, tempestades. E Deus concordou: a terra era para os imperfeitos e elas eram perfeitas, seu lugar era o céu. Mas uma delas não voltou. E um anjo explicou a Deus: era a única estrelinha de cor verde. Por ter percebido a difícil situação da terra, resolveu ficar. E, olhando lá do alto, viram que em cada coração dos homens e das mulheres, agora, brilhava uma pequenina estrela verde, a estrela da esperança.

O homem pode perder tudo, menos a esperança. E, quanto mais difícil for a situação, mais brilhará essa pequenina estrela. Quanto maior a escuridão, mais as estrelas se tornarão visíveis. Quanto mais escura a noite, mais crescerá a certeza da aurora. A terra já foi definida como vale de lágrimas. É a esperança que seca estas lágrimas e faz, novamente, a humanidade sorrir.

No entanto, a esperança humana é sempre débil. Ela depende de muitos fatores duvidosos: o tempo, os outros, a circunstância, a lógica... Mesmo assim, é a última que morre, como diz o ditado popular.

Já a esperança teologal não morre, porque é certa. Ela se firma em Deus e Deus é certeza. Irmã gêmea da fé, ela nos conduz pelos intrincados caminhos da vida até a casa do Pai. O apóstolo Paulo garante: "eu sei em quem coloquei minha esperança". E conclui: "É pela esperança que somos salvos" (Rm 8,4). A esperança é escolha de cada um. Santo Agostinho observou: "Dois homens olham pelas grades da prisão, um olha o barro, o outro as estrelas".

Um dia, Deus se fez um de nós em Jesus Cristo. Ele veio por causa da difícil situação da humanidade. E resolveu ficar – para sempre – em cada coração. Por isso, a história da humanidade, apesar de todas suas espantosas crises, tem um fim definido. O mal não terá a última palavra. A última palavra será o amor de Deus, cristalizado na ressurreição.

Num para-choque de caminhão lia-se a seguinte frase: "Se esse mundo fosse bom, o Dono morava nele". Na realidade, Deus mora conosco. Deus ama este pobre mundo. Ele mora em cada coração, simbolizado pela estrelinha verde, a estrela da esperança-certeza. E, por isso, o mundo é um bom lugar para se viver, porque a estrelinha verde continua brilhando. Ela significa: Deus é maior do que o nosso pecado.

Isso pode ser contagioso

Dizem que a história da medicina teve início quando alguém começou a lavar as mãos regularmente. Muitas doenças infecciosas nos ameaçam. Mas não são elas que nos contaminam – literalmente –, nós que as adquirimos, especialmente através das mãos. Aí se originam os surtos de diversas moléstias, que se propagam por contágio.

Não são apenas as doenças que nos contagiam. Tudo na vida é contagioso. Especialmente o mau humor.

Certa vez, o executivo de uma multinacional gritou com o gerente de uma filial. Ele estava nervoso e as vendas não iam bem. Regressando à casa, diante de um farto jantar, reclamou com a esposa dizendo que ela estava gastando muito. A mulher gritou com a filha, porque suas notas escolares estavam abaixo da média. Esta descarregou sua raiva no irmão menor, pois ouvia um som muito alto. O recurso deste foi chutar o cachorrinho, que pouco depois mordeu a perna da vizinha. Entrando na farmácia, a senhora reclamou da demora e do preço. O farmacêutico, regressando ao lar, reclamou porque o almoço ainda não estava pronto.

A reação em cadeia poderia continuar. Mas alguém colocou um ponto final. A esposa do executivo, depois de elogiar a elegância da filha e afagar os cabelos do filho, telefonou ao esposo. Havia entrado uma quantia em dinheiro, considerada perdida, e sugeria que fossem, com os filhos, jantar fora. Não longe dali, o farmacêutico saudou, alegremente, seus funcionários e, à noite, levou um buquê de rosas para a esposa.

Tivemos o exemplo de duas situações opostas, a primeira assumiu a irritação e a intolerância. A segunda optou pelo perdão, pela alegria e pelo amor. Mas alguém teve de tomar a iniciativa. Mesmo magoada, uma pessoa pode sorrir, dar sinal de que o incidente foi esquecido. Pode restabelecer um clima cordial, onde todos irão ganhar. O Evangelho garante: aquele que aceita perder, vai ganhar (cf. Mc 8,35). É ainda o Evangelho que aponta a beleza do perdão dado e recebido. Perdoar é a única maneira de zerar o mal e iniciar vida nova.

A meteorologia, cada vez com mais eficiência, nos previne sobre o bom e mau tempo. Na realidade, o bom ou o mau tempo também estão dentro da gente. Há pessoas que anunciam mau tempo permanente, um céu escuro, trovoadas e tempestades. Outras, anunciam o bom tempo. São pessoas agradáveis, tolerantes, que sabem sorrir e elogiar. Há indivíduos em permanente inverno, enquanto outros anunciam a primavera.

A vida é curta demais para ser gasta com amarguras. E sorrir – mesmo diante da dificuldade – é um gesto de amor. E o amor também é contagioso.

A arte de dar presentes

Responsável por uma paróquia do interior, o padre tivera um domingo pela manhã corrido: duas missas, batizados e uma visita ao hospital. O dia era importante, pois sua mãe, viúva há dois anos, completaria 80 anos de vida. Ela exigia a presença dos seis filhos, genros e noras e do batalhão de ruidosos netos. Pouco depois das 11 horas, ele, finalmente, colocou-se a caminho. Chegaria um pouco tarde, pois precisava percorrer cerca de 50 quilômetros, sendo mais da metade de estrada de terra.

Ao longo do caminho, ele recordava a infância, o carinho e o amor exigente dos pais. Aprendera que existiam duas maneiras de fazer as coisas: a maneira certa e a maneira errada. E os pais não deixavam dúvidas sobre a escolha. Faltavam menos de 3 quilômetros, quando o padre diminuiu a velocidade e estacionou. Acontecera algo constrangedor: na pressa, esquecera o presente para a mãe em cima da mesa. Retornar era impensável. "Que espécie de filho sou eu" – interrogou-se o padre – "que esquece o presente da mãe?".

Um pouco adiante, num jardim abandonado, uma velha roseira ostentava uma única flor. O padre colheu a rosa vermelha, recém-desabrochada. Seria a solução.

Um pouco constrangido, abraçou a mãe e declarou: "Este é o meu presente!".

Dois meses depois, a mãe faleceu enquanto dormia. Depois dos funerais, foram mexer nas coisas dela. Entre estas, estava o velho livro de orações, desgastado pelo tempo, onde ela rezara diariamente durante mais de 50 anos. E, com o livro, a surpresa: em cada página, uma pétala da rosa recebida no seu aniversário.

A arte de presentear é muito difícil: ou a pessoa não gosta da cor ou do tamanho da peça de roupa, ou já possui algo semelhante, ou tem alguma recordação negativa com relação ao presente dado... No entanto, um vale-brinde para escolher algo numa loja não parece ser também uma boa solução. Os presentes têm alma, eles contam uma história, falam palavras misteriosas, unicamente entendidas por quem dá e por quem os recebe.

Por vezes, o presente vem marcado pela rotina: qualquer coisa serve. Outras vezes, representa um pedido de desculpa pelo que não foi feito, uma espécie de suborno. Mas há presentes envolvidos pelo amor. Estes se alojam na alma. É o amor materializado num objeto. O pacote que o padre esqueceu ficaria num canto qualquer. Mas a rosa floriu no coração da mãe e ela – do seu jeito – retribuiu o presente: colocou a rosa entre seu filho e Deus. Ela sabia dar presentes.

Como perder clientes

Homem algum é uma ilha, afirmou John Donne. Somos seres sociais, convivemos e precisamos uns dos outros. Todos necessitamos amar e ser amados. Mesmo assim, a vida está cheia de desencontros. Alguns saem silenciosamente de nosso convívio, outros batem com violência a porta e até mesmo jogam pedras. Por vezes, não sabemos o porquê disso tudo e achamos que os outros são os culpados.

As empresas, seguidamente, fazem pesquisas sobre os clientes, o grau de satisfação ou de rejeição. Recente pesquisa mostra por que as empresas perdem clientes. Apenas 1% dos clientes é perdido por morte. As mudanças de endereço são responsáveis pela perda de 5% dos clientes. Os preços e outras vantagens conduzem cerca de 10% dos clientes para os concorrentes. Percentual um pouco maior – 14% – é perdido pelo não atendimento de reclamações Por fim, nada menos de 65% dos clientes são perdidos porque foram atendidos com frieza ou indiferença. Em outras palavras, foram mal atendidos. Isso dá um percentual de quase 80% de clientes perdidos por mau atendimento.

Isso não vale apenas para estabelecimentos comerciais, mas sim para todos os grupos que dependem do público: seja uma paróquia, uma barbearia, uma associação de moradores, grupos de oração, um hotel. Alguns reclamam, mas a maioria vai embora e não retorna mais. E ainda se encarrega de falar mal da instituição, em média, para mais de vinte pessoas.

São muitas as maneiras de perder um cliente. A apatia da pessoa encarregada de atendê-lo, o mau humor, a consulta constante ao relógio ou ao celular e mesmo dar a impressão de estar lhe fazendo um grande favor. Há ainda outras atitudes, como dizer para retornar na próxima semana, que o sistema de computação caiu, que o responsável está de férias, que só depois do feriadão o problema será resolvido.

A solução para isso está na atitude oposta, ou seja, em demonstrar ao cliente que ele é importante e que uma solução será encontrada. E, se for preciso optar pela negativa, existem muitas maneiras de dizer "não". Um não, dito de maneira amigável, fará o cliente ter certeza de que foi bem atendido, foi levado a sério. Se possível, indicar uma alternativa.

Jesus foi estrategista, ele sabia como vender o seu produto. A regra de ouro é: trate os outros da maneira como gostaria ser tratado, faça aos outros aquilo que gostaria de que os outros fizessem a ti (Mt 7,12). Até nesse ponto, Cristo se revelou excelente estrategista. Não por interesse, mas por amor, por respeito à pessoa. Francisco de Assis tinha a seguinte posição: o irmão é sempre maior que nós.

A constatação de cada dia revela que as pessoas – clientes, amigos – quase sempre entram em nossa vida por acaso, mas não é por acaso que elas permanecem.

Tempo e amor na educação

Um automóvel importado estacionou em frente a uma loja de brinquedos, a melhor da cidade. O casal estava na faixa dos trinta anos. Ela estava coberta de joias e ele, provavelmente, devia ser um bem-sucedido executivo. Sem maiores comentários, começaram a examinar os diversos brinquedos. Ali estavam sofisticados brinquedos eletrônicos, bonecas de todos os tamanhos, que falavam, choravam e riam, ursos, minicozinhas, complicados jogos de montar. Aparentemente, nenhum dos brinquedos servia. Depois de muito pesquisar, dirigiram-se à vendedora.

"Temos uma filha única, de dez anos, e ficamos fora de casa durante todo o dia, por vezes até meia-noite. Até mesmo nos fins de semana, temos pouco tempo para ela. Ela vive sozinha e sorri pouco. Queremos comprar algo que a faça feliz, também quando não estamos presente", explicou a mãe. "Sinto muito", sorriu constrangida a funcionária, mas nós não vendemos pais".

A vida moderna é cada vez mais complicada. Os compromissos aumentam, a pessoa é sugada pelos acontecimentos, e a concorrência exige cada vez mais. Todos vivem em alta velocidade e não sobra tempo para coisas essenciais. A mulher é a mais prejudicada por esse estado de coisas. A dupla jornada é mais ou menos comum. Os filhos também são muito prejudicados com tudo isso. É natural que pouco sorriam, sobretudo na ausência dos pais. Não é incomum a revolta e a agressividade dos filhos. E os pais têm alguma dificuldade em entender: "Damos tudo a eles e eles não reconhecem...".

Dar tudo não é apenas oferecer dinheiro, conforto, brinquedos. Nada substitui o amor, e o amor supõe tempo, sobretudo nos primeiros anos de vida. Mais tarde, quando os pais tiverem mais tempo para os filhos, eles já não mais quererão ouvi-los. Quando os pais, apesar da boa vontade, abandonam os filhos, há quem os adote: sejam os colegas, a internet e suas numerosas derivações, sejam as drogas.

Toda pessoa tem o direito de realizar-se profissionalmente. Mas ser pai e ser mãe é algo que exige dedicação, e isso pode não ser compatível com a carreira profissional.

Por outro lado, o amor dos pais é insubstituível, e nada, nem dinheiro, nem brinquedos ou qualquer outra espécie de presente, poderá compensá-lo. O amor exige tempo. Trata-se, então, de escolher aquilo que é prioridade. O sucesso profissional é prazeroso, mas pode tomar grande parte de seu tempo. E a presença dos pais na vida dos filhos é essencial. Não há como barganhá-la por absolutamente nada.

A melhor parte da vida

Um dos mais misteriosos do mundo, o deserto de Mojave situa-se ao sul do Estado da Califórnia. O nome lembra um dos poucos répteis que consegue viver em seu território, a cobra mojave, espécie de cascavel. Com 57 mil quilômetros quadrados, sua área é coberta de antigos lagos e rios, hoje reduzidos a salinas. O lugar serve também de cemitério de aviões antigos e fora de uso. Merecem ainda citação as cidades-fantasmas, que assinalam antigas minas de ouro. O vento carregado de areia brinca de sepultar as cidades e fazê-las ressurgir. Tudo isso justifica sua denominação de Vale da Morte.

Contrariando o deserto, as florestas se revestem de um incrível dinamismo, com a vida se renovando constantemente. Velhas árvores tombam, cedendo lugar a outras. Por vezes, ao pé de um tronco secular, surge um vigoroso rebento que perpetuará a espécie. Nos nodosos galhos aninham-se orquídeas, musgos e um sem-número de vegetais. Em meio a discretos perfumes, o vento difunde o canto das aves e espalha sementes para o amanhã. Contrapondo-se ao deserto, a floresta pode ser considerada o Vale da Vida.

Esses dois quadros refletem a vida das pessoas e das instituições. E isso nos dois sentidos: positivo e negativo. Há velhas cidades-fantasmas, transformadas em museus sem vida e sem esperança. O vento conta a história de um passado que pode ter sido bonito, mas que findou. Mas há também florestas densas, com alguma desordem, mas cheias de vida e de possibilidades.

Karl Marx garantia que a história não se repete, a não ser à maneira de comédia. Pessoas e instituições caminham com o olho no espelho retrovisor. É necessário saber o que aconteceu no passado, mas com o objetivo de continuá-lo.

Deus ainda não acabou a obra da Criação do mundo. Ele confiou ao homem e à mulher a tarefa de continuar essa obra. Na pesquisa, na música, na poesia ou numa revolução surge o novo. A criação ainda não terminou. Em cada parto, real ou simbólico, acontece a maravilhosa festa do novo. A vida só pode ser entendida quando se olha para trás, mas também só pode ser continuada olhando-se para a frente. Um pouco do passado sempre se faz necessário, mas, para fugir à mesmice, é necessário colocar o fermento do novo.

"No meu tempo não era assim", protestam alguns. "O meu tempo é agora", esclarecem outros. Sem o passado, o mundo seria imaturo e ingênuo. Mas, sem o futuro, a humanidade seria condenada a ser uma cidade-fantasma. Olhar para trás é interessante, olhar para a frente, necessário. É a lição da floresta secular, mas que aposta no futuro. A melhor parte da vida é a que está por vir.

A justiça divina e humana

Marco Archer Cardoso Moreira – carioca, 53 anos – teve seu momento de celebridade. Ocupou largos espaços nos meios de comunicação, teve a seu favor a opinião pública mundial. Tudo foi inútil. Foi fuzilado, no outro lado do mundo, pelo governo da Indonésia, numa prisão de segurança máxima. Seu crime: em 1993, tentou ingressar naquele país asiático, com 13 quilos de cocaína.

Embora todos reconheçam sua culpa, a opinião pública brasileira questiona a desproporcionalidade entre o crime e o castigo. A experiência mostra que a pena de morte não é um instrumento eficaz para diminuir o crime.

Teólogos como Santo Tomás de Aquino defendem a pena de morte. "Quem tira a vida do semelhante", dizia o santo, "perde o direito à própria vida". Curiosamente, a nossa cultura é radicalmente contrária à pena de morte, mas nunca se tiraram tantas vidas, inocentes ou não, pela violência.

Uma questão que surge desse cenário é o papel da prisão. Em teoria, a cadeia deveria servir para reeducar o criminoso e reinseri-lo na sociedade. No entanto, nossas cadeias são um amontoado de cidadãos e não reeducam a ninguém. Trata-se de universidades do crime e de perpetuadoras das misérias humanas.

Também se questiona o papel da Justiça. A cadeia parece ser exclusividade das classes pobres. E essa questão não vem de hoje. O filósofo cínico Diógenes, há 2.500 anos, dizia que a cadeia era parecida com uma teia de aranha: apanha apenas pequenos insetos, pois os animais maiores simplesmente rompem as teias. "Lá vão os grandes ladrões a enforcar os pequenos", acusava Diógenes, quando os magistrados executavam algum ladrão.

Contrapondo-se à precária justiça dos homens, Jesus ensina uma justiça diferente: em vez da vingança, o perdão. E Deus faz tudo do jeito dele: é infinito no perdão e na misericórdia. Ele manda perdoar setenta vezes sete vezes (Mt 28,21). E o Pai-Nosso aponta um perigoso paralelismo: "Perdoai-nos assim com nós perdoamos os nossos devedores".

O perdão de que fala o Evangelho não é brincadeira. Supõe o reconhecimento da culpa e a disposição de mudar de vida. A prática pastoral dos primeiros séculos restringia muito o perdão sacramental. E isso porque exigia mudança de vida.

Na prática, perdoar significa devolver ao outro o direito de ser feliz. É zerar a culpa, abrindo a porta para uma vida nova. Aquele que não perdoa, veste a máscara da perfeição, arvora-se em juiz dos outros. Pretende ocupar o lugar de Deus. Diante do fato de sermos todos pecadores, tenhamos compaixão, saibamos oferecer o perdão aos *outros pecadores*.

Promessas para o ano que vem

Não é difícil recordar as promessas feitas em anos passados. Foram promessas generosas, que não cumprimos. A lista varia de pessoa para pessoa, assim como a quantidade de itens. Há certa igualdade entre nossos defeitos, que passam de ano para ano, e as promessas que ficam para o *ano que vem*.

- No ano que vem vou emagrecer.
- No ano que vem vou parar de fumar/de beber.
- No ano que vem vou me matricular numa academia.
- No ano que vem não vou estressar-me com pequenas coisas.
- No ano que vem vou ler aquele livro que está sobre minha mesa.
- No ano que vem vou cuidar do meu dinheiro; vou parar de gastar com besteiras.
- No ano que vem vou levar a sério meus estudos.
- No ano que vem vou separar mais tempo para a família.
- No ano que vem vou participar mais da missa.
- No ano que vem vou dar um jeito na vida.

Evidentemente, existem outras promessas que poderiam ser feitas: vou consumir menos chocolate, não vou regressar tão tarde das noitadas, vou dirigir com mais prudência, vou visitar aquele familiar adoentado, vou evitar sair com a turma, não vou mais usar o cheque especial, não vou esconder-me atrás de desculpas, vou parar de deixar as coisas para o outro ano.

Tudo isso soa falso. Quando queremos mudar, não jogamos a decisão para o próximo ano. Se é algo importante, devemos resolver agora. Quando eu crescer, quando eu me formar, depois que me casar, quando tiver estabilidade financeira... Aí chegamos ao último estágio: depois que me aposentar... Em seu leito de morte, Georges Bernanos admitiu: "Sou responsável por tudo aquilo que não fiz".

A desculpa para deixar para mais tarde atormentou o grande Santo Agostinho: *amanhã, sempre amanhã, por que não hoje*? O tempo de Deus é infinito, assim como o seu perdão, mas o nosso tempo é limitado. O amanhã, o próximo ano, mais tarde, são apostas temerárias. Não sabemos se haverá um amanhã para nós. O nosso tempo é hoje.

Hoje – independente do calendário – é o tempo certo para refazer escolhas, para pedir perdão, para recomeçar, para perdoar, para sorrir, para amar. Não adianta um ano novo, se nossas atitudes forem velhas. Imagine uma nova história para sua vida e creia nela!

Nunca é cedo demais para começar, nem tarde demais para recomeçar. Com 20 anos, Alexandre da Macedônia já conquistara o mundo, com 80 anos, o romano Catão começou a estudar grego, com 90 anos,

Pablo Picasso pintou obras-primas. A cada dia você escolhe – mesmo que não perceba – se quer mudar ou quer ficar como está. Se optar pela segunda alternativa, não haverá Ano-Novo.

A estrela que nos guia

O pequeno avião avançava em meio à noite. Lá embaixo se sucediam montanhas, rios, florestas e pequenas cidades. De repente, caíram os sistemas de comunicação e a orientação da rota, e o painel de controle apagou-se. O aparelho voava às cegas. Pilotos e engenheiro de voo tentaram, inutilmente, consertar o defeito. Já em pânico, pediram à aeromoça que procurasse descobrir se havia, entre os passageiros, um técnico em eletrônica. Não havia.

Os passageiros perceberam que algo de errado estava acontecendo. Após minutos de ansiedade, uma passageira entrou na cabine de comando. "Você é técnica em eletrônica?", perguntou o piloto. "Diga-me qual é o problema, talvez eu possa ajudar", explicou a passageira. "Se você não entende de eletrônica, saia da cabine, pois não tem nenhuma serventia aqui." Com calma, ela insistiu: "Qual é o problema?". "Você não está vendo?". "Nosso instrumental parou de funcionar, não sabemos onde nos encontramos nem para onde estamos indo." "Eu posso ajudá-lo", garantiu com convicção a passageira, "sei de algo que nunca falha... Nunca falhou no passado e nunca vai falhar no futuro. Mostre-me o mapa da rota, o ponto de partida e o nosso destino. As estrelas serão nosso guia".

Ela era astrônoma e conhecia o caminho das estrelas. Sentou ao lado do piloto e, com os olhos fixos no céu, orientou o voo, que prosseguiu sem problemas e, algum tempo depois, o esplendor da aurora anunciou que eles estavam salvos.

Nossa civilização colocou todas as suas certezas no progresso e na técnica. A euforia é substituída pelo pesadelo, quando os apagões revelam uma caminhada sem rumo. E nesse impasse não aparecem salvadores confiáveis. É um voo no escuro, sem indicações seguras do lugar e do destino, um voo em direção à catástrofe.

A ciência e a técnica não têm a chave da salvação. Precisamos de pessoas que estudem os céus e contemplam as realidades divinas. Já a mãe dos Macabeus exortava a seu filho em meio às dificuldades: meu filho, olha para o céu! (2 Mc 7,28).

No portal da Bíblia, encontramos: no início, Deus criou o céu e a terra. Não podemos separar o que Deus uniu. A terra é o caminho, o céu é o destino. Um céu sem terra seria alienação, uma terra sem céu seria um voo cego na escuridão.

Certa mentalidade moderna pensa que Deus interfere em nossa busca de felicidade. À semelhança do Filho Pródigo, queremos ser felizes sozinhos. E, de repente, nos descobrimos no país das trevas, da fome e da solidão. Aí sentimos saudade da casa do Pai. E a porta e os braços do Pai estão sempre abertos para seus filhos e filhas. É preciso, às vezes, esquecer o painel eletrônico e olhar para as estrelas.

A velha e a nova agenda

Envolta em papel de presente, chegou a nova agenda. Era bonita, funcional, cheia de esperanças e sonhos como a juventude costuma ser. A seu lado, marcada pelo tempo e pelas lutas, a velha agenda, cansada e um pouco triste por ser deixada de lado. Embora ela saiba que é amada por mim. Entre as duas existe o mistério do tempo.

A velha agenda nada mais é que minha vida. Em suas páginas estão assinalados os meus fracassos, meus pecados, minhas omissões, as esperanças que murcharam, as sementes que não germinaram, as boas intenções, que, por não terem sido realizadas, tornaram-se más intenções. Mas ela guarda também páginas luminosas, momentos divinos. Lá estão os meus êxitos, minhas alegrias, os sonhos realizados, os perigos que ficaram para trás. Lá estão assinalados encontros com o Pai e encontros com os irmãos. Algumas palavras lembram momentos difíceis com final feliz: as vezes que tudo me levava a dizer "não" e eu disse "sim"; e as vezes em que eu disse "sim", quando tudo conspirava em favor do "não".

A nova agenda está totalmente em branco. Compete a mim, em meio às complicações da vida, escrever alguma coisa. O passado é irreversível, imutável. Não existe a possibilidade de rasgar alguma das folhas da agenda e da vida ou apagar o que foi escrito. Já Pilatos dizia ao povo judeu: "O que escrevi, escrevi". Por outro lado, o passado é um mestre que merece ser consultado, embora as respostas mudem ao longo do tempo.

Em cada Ano-Novo, renovamos nosso estoque de projetos e decisões. Se muita coisa não deu certo no ano que passou, é justo apostar todas as fichas no ano que surge. Sou responsável pela nova agenda, mesmo sabendo que ela receberá contribuições dos outros.

A agenda do Ano-Novo está também aberta aos imprevistos. Não vamos enfrentar este ano sozinhos: Deus vai continuar a amar-nos e sua graça nos ajudará a superar os momentos confusos e difíceis.

Santo Agostinho lembrava que Deus promete a todos e sempre o seu perdão, mas não garante a ninguém o dia de amanhã. O escritor Fernando Sabino falava de três certezas que nos acompanham: estamos começando, temos muita coisa a fazer e podemos ser interrompidos a qualquer momento.

Cada dia é um presente de Deus, é um sinal de seu amor. Com isso, ele quer nosso amadurecimento humano e divino. Os gregos falavam do *Kairós*, isto é, o tempo de Deus, a passagem de Deus em nossa vida. E o tempo de Deus é hoje. Que a nova agenda nos diga isso todos os dias.

Deixar para amanhã

Tebas, cidade de cem portas, ocupou um lugar importante na história e na mitologia grega. Seu maior período de glória começou em 371 a.C., quando derrotou Esparta e assumiu a hegemonia grega. Divididas, as cidades gregas foram conquistadas por Alexandre, o Grande, trinta anos depois.

Os turistas ainda hoje podem ver ruínas de suas fortalezas e os historiadores têm dificuldade em distinguir a história das lendas. Entre elas se destaca a tragédia de Édipo, que matou o pai Laio e casou – sem saber – com a mãe Jocasta. A lenda foi imortalizada por Sófocles na tragédia *Édipo Rei.*

Lendas à parte, a história narra o episódio envolvendo o rei Arquias. Em meio a um esplêndido banquete, recebeu um bilhete de um oficial, com o pedido de que fosse lido imediatamente e tomadas as medidas necessárias. O rei agarrou o papel e, sem lê-lo, colocou-o no bolso e esclareceu: "Os assuntos sérios ficam para amanhã".

A festa continuou por algumas horas e foi interrompida por seus inimigos, que o assassinaram. No dia seguinte, o papel ensanguentado foi encontrado pela esposa. Era tarde demais.

O tempo é um presente que Deus concede para o nosso amadurecimento. Talvez, por isso, falamos do tempo-presente. Presente de Deus. Cada minuto é um milagre que não se repete.

É perigoso deixar coisas importantes para amanhã, mesmo porque não sabemos se haverá um amanhã. E, se houver, será confeccionado do mesmo tecido do hoje e, possivelmente, vamos adiar nossas decisões para o dia seguinte. Quando uma coisa é importante, não pode ser deixada para depois. E, se deixarmos para depois, estamos admitindo que não é importante.

No Livro dos Juízes, lemos que o rei Ezequias, velho e doente, foi alertado pelo profeta Isaias para que colocasse a casa em ordem (Jz 11,20). Por vezes, a vida manda recados, mas existe sempre a possibilidade da surpresa a interromper a festa da vida. Essa urgência vale para todas as situações. Deixar para amanhã é sempre perigoso.

O cronista Rubem Alves garante: "amar é ter um pássaro pousado no dedo. Quem tem um pássaro pousado no dedo sabe que, a qualquer momento, ele pode voar". E conclui: "a vida não pode ser economizada para amanhã. Acontece sempre no presente".

Todos nós, queiramos ou não, com clareza ou desordem, temos uma escala de valores na vida. Prestar atenção ao topo da tabela é importante. Para amanhã, deixemos apenas o amanhã. Se algo é importante, deve ser assumido hoje. Olhe no relógio: agora.

Compromisso com a luta

Órfão aos 7 anos, viu sua herança ser roubada pelos parentes. Aos 27 anos, assistiu a um julgamento no qual um orador chamado Calístrato teve um desempenho brilhante. Nesse dia, ele decidiu ser orador, um projeto arriscado, uma vez que sofria de gagueira. Para superar seu defeito natural, começou a declamar poemas enquanto corria na praia contra o vento, com pequenas pedras redondas na boca. Essa é história de Demóstenes – 322 a.C. –, o maior orador da Antiguidade.

Sua pátria, Atenas, passava por momentos difíceis e foi derrotada na batalha de Queroneia, por Felipe da Macedônia. Ali perdeu a própria independência. Diante da derrota e do desânimo, Demóstenes tratou de levantar a moral de seu povo. Ele provocava: "Atenienses, ainda não empregamos toda a nossa força, toda a nossa inteligência, toda a nossa capacidade de lutar. Se assim fosse, eu não os desafiaria. Mas ainda não esgotamos nossas forças, nossa determinação, nossa energia. A última palavra não foi dita e, por isso, precisamos reagrupar as tropas e partir para a luta". Passaram-se anos, Demóstenes não assistiu ao triunfo, mas suas palavras incendiaram os atenienses, que recuperaram sua soberania.

"A vida me tratou muito mal", justificam-se muitos diante do fracasso. E com isso dispensam-se de lutar. A vida tratou muito mal Demóstenes, órfão, pobre e gago. Mas ele não aceitou isso, buscou a superação pessoal e colocou seu talento a serviço de sua pátria e de seus irmãos.

Vencedores são aqueles que apostam num ideal exigente e dispõem-se a pagar o preço exigido. E a história está pontilhada de pessoas assim. Giuseppe Verdi foi reprovado no primeiro exame musical, Winston Churchill foi declarado inapto para o serviço militar, Abraham Lincoln enfrentou a depressão, o luto, o fracasso econômico e uma série de derrotas eleitorais.

No entanto, Verdi está entre os maiores músicos da humanidade, Churchill salvou a Inglaterra na Segunda Guerra Mundial e Lincoln tornou-se presidente e um dos maiores personagens da história norte-americana. Eles sonharam, enfrentaram as dificuldades e venceram. Henri Ford, o pioneiro do automóvel, afirmava: "Há mais pessoas que desistem do que pessoas que fracassam".

A vitória nem sempre está ao nosso alcance. Nem mesmo temos obrigação de alcançá-la. Depende de nós a obstinação e a luta. É a teimosia da luta que dá dignidade à pessoa. E, um dia, Deus não nos questionará sobre eventuais sucessos, mas quererá saber se lutamos. São Paulo, no fim da vida, avaliava: "Combati o bom combate, guardei a fé, resta-me agora a recompensa" (2Tm 4,7).

As duas faces da moeda

Causou espanto uma pesquisa divulgada pelo IPEA – Instituto de Pesquisa Econômica Aplicada. Na primeira versão, informava o instituto que 65% dos homens brasileiros admitiam o ataque sexual contra mulheres que "usam roupas que mostram o corpo". O grosseiro equívoco foi corrigido: "apenas" 26% dos homens admitem a violência sexual contra as mulheres. Mesmo abrangendo "apenas" 26%, trata-se de uma estatística espantosa e que atesta contra nossa condição de civilizados.

A questão é abrangente e envolve o comportamento de muitos homens e mulheres. Classicamente, semeamos ventos e colhemos tempestades. Durante séculos, submissa e dominada, a mulher foi abrindo caminhos de libertação. O movimento é sadio, mas terminou por ultrapassar as fronteiras do razoável. O festival de exibição e de nudez acabou sendo considerado politicamente correto. Esta é uma face da moeda. A outra face também pode ser observada através da pesquisa: o homem sente-se legitimado para avançar e forçar o sinal.

Muitos meios de comunicação social incentivam essa erotização. E não poucos programas criam a mentalidade do *voyeur*. No lugar de ficar espiando pela fechadura da porta, o espetáculo agora é público e global. A propaganda comercial também alimenta essa mentalidade, sem falar no Carnaval. Diante disso, 26% dos brasileiros vão à luta. Se não são acolhidos, partem para a agressão sexual. Ninguém merece ser estuprada, ninguém tem o direito de estuprar.

O consagrado escritor colombiano Gabriel Garcia Marques afirmou que a coisa mais triste é "fazer amor sem amor". Isso significa que caímos ao nível dos animais, e com desvantagem para o humano. O animal segue o instinto, as leis da natureza, já o homem e mulher deixam-se levar pela miopia sem limites. Em nome do amor, tudo vale. Até as taras. Decapitada durante a Revolução Francesa, Madame Roland afirmou: "Liberdade, quantos crimes se cometem em teu nome!". Vale para o nosso tema: amor, quantas asneiras se cometem em seu nome.

Deus criou o homem e a mulher à sua imagem e para serem felizes, para amarem e serem amados. Os Mandamentos nos ensinam o caminho da felicidade. Não pecar contra a castidade, mais que proibição, é uma orientação madura e responsável. O corpo é nosso companheiro – no bom sentido – na luta. Ele deverá ser nosso companheiro na glória. Somos templos do Espírito Santo, revestidos de uma incrível dignidade. De novo precisamos admitir: Deus tinha, Deus tem razão. Mas vigora hoje a lógica da causa e do efeito.

Eu acredito no destino

Um empresário ficou retido no trânsito e perdeu o voo. Horas depois, soube que o avião tinha caído e não havia sobreviventes. Uma senhora comprou o último número de uma rifa – só para ajudar – e ganhou um automóvel. Um pai antecipou o retorno da praia, para evitar o trânsito pesado, e sofreu um acidente. Permaneceu dois meses no hospital.

Por vezes, alguns minutos a mais ou a menos podem evitar um acidente ou até colocar uma pessoa em uma situação de risco. E, nesses casos, as pessoas geralmente comentam: "Tinha que ser: é o destino". Muitos insistem em dizer que, desde que nascemos, caminhamos num rumo determinado, que nos conduz a um final imutável.

A teoria de um destino cego e fatal encontra apoio em grupos religiosos. Os árabes têm uma palavra para designar o fato: *maktub*, isto é, "estava escrito". Calvino, um discípulo rebelde de Lutero, colocou em seu sistema religioso a chamada predestinação. Nessa ótica todos nascem com um destino definido e imutável: salvo ou condenado. A doutrina espírita acredita no carma, fruto de pecados de vidas anteriores.

Nosso mundo é marcado pelo pecado, e o pecado é desordem. Uma bala perdida pode atingir a pior ou a melhor pessoa, sem qualquer critério. Acontecem, a cada momento, milhões de fatos. Há situações marcadas por coincidências, boas ou más. Aí falamos de sorte ou de azar. Na maioria dos casos prevalece a dialética da causa e consequência. Aquele que abusa da velocidade, aumenta as chances de um acidente, o que não cuida da saúde está possivelmente seguindo para o caminho da doença. O futuro não é um lugar para onde vamos, mas um lugar que estamos construindo.

A partir do Evangelho, podemos criar uma tese: todos nascemos com um destino. *Estamos destinados a Deus.* Só mesmo uma teimosia radical pode nos levar ao desastre, longe desse destino.

Em 1963, foi inventado um equipamento, hoje presente na maioria dos automóveis, o GPS. O nome vem do inglês *Global Positioning System*, ou seja, Sistema de Posicionamento Global. Ao iniciar a viagem, o GPS é orientado para um destino. Ao longo do caminho, uma voz, proveniente de uma constelação de satélites, orienta o motorista sobre o rumo a tomar, que acabará por levá-lo ao destino exato.

Por vezes, o motorista, por engano ou por teimosia, não segue a orientação do GPS e prefere outro caminho. Instantes depois, impassível, o equipamento comunica: *refazendo o percurso.* O caminho pode ser mais longo, mas levará ao objetivo.

Assim age a Providência Divina. Ela quer nos levar à felicidade. Quando erramos, ela prontamente refaz o percurso. Deus não desiste de nós. A fatalidade seria desligar o GPS e assumir, irresponsavelmente, um caminho próprio.

Vantagens do sorriso

Algumas vezes, revistas e jornais aproveitam pequenos espaços ociosos para publicar curiosidades. Em meio às narrativas sobre crimes hediondos, denúncias de corrupção e ameaças de novas crises, as curiosidades são uma ilha de tranquilidade que permitem repousar e respirar. Você sabia – muitas vezes as narrativas começam assim – que a formiga é o animal com maior cabeça em relação ao corpo? Tem mais: a lagosta possui sangue azul e, uma toupeira pode, numa noite, cavar um túnel de 75 metros de comprimento... A relação continua: o gato não sente o sabor do açúcar e o beija-flor – simplesmente – é incapaz de andar.

Algumas curiosidades são históricas. O imperador Nero, que se julgava um grande artista, comia cebolas cruas para melhorar a voz. Outro imperador, Júlio César, usava a coroa de louros para disfarçar o início da calvície.

As curiosidades mais interessantes referem-se ao homem. No corpo humano há, aproximadamente, 95 mil quilômetros de vasos sanguíneos, nos quais, a cada segundo, são produzidos e destruídos 15 milhões de glóbulos. Uma pessoa pisca os olhos, aproximadamente, 25 mil vezes por dia. Por último, para franzir a testa, utiliza 43 músculos e, para sorrir, apenas 17 músculos.

Mesmo sendo mais fácil sorrir, muitos apostam na atitude de franzir as sobrancelhas.

Há mais gente tentando descobrir defeitos do que olhando as qualidades. Há mais profetas da amargura do que apóstolos da alegria. São Francisco, apesar da penitência e das provações da vida, foi o santo da alegria. É que ele via a Deus no horizonte de tudo. Ele chegou a afirmar: "um santo triste é um triste santo". A Bíblia suspeita que não haja possibilidade de um santo ser triste. O cristão não se detém na tristeza da Sexta--feira Santa, mas na manhã da ressurreição.

O termo "alegria" figura mais vezes na Bíblia do que outras palavras, aparentemente, mais importantes. As Escrituras falam mais vezes da alegria do que da paz e da virtude.

Sorrir é um gesto de amor. É semelhante ao sol que espanta as névoas da noite. O sorriso é o melhor cartão de visita. Mesmo quando a vida se apresenta complicada, sorria. O coração é seu, pode chorar, mas o rosto é dos outros, e você deve sorrir.

Cada um de nós projeta luz ou sombras no ambiente. Cada um de nós é uma manhã ensolarada ou um dia cheio de nuvens. Carregamos o bom ou o mau tempo dentro de nós. O riso é uma terapia. Já que é mais fácil sorrir do que franzir a testa, não perca tempo e sorria. São Paulo recomenda: "Alegrai-vos sempre no Senhor. Repito: alegrai-vos" (Fl 4,4).

Com quem fica o cachorro?

Alana e Ricardo conheceram-se na universidade. Foi amor à primeira vista. Alguns meses depois foram viver juntos, num elegante bairro da capital paulista. A ternura, o encantamento, o amor, os projetos para o futuro plenificaram os primeiros anos. Depois, vieram os filhos, e com eles um novo momento. Porém, aos poucos chegou o tédio, a mesmice, a rotina e as pequenas e grandes traições. O *amor eterno* durou onze anos e a separação foi inevitável.

Eles decidiram que a separação seria civilizada. A partilha dos bens não ofereceu dificuldades. Possuíam dois automóveis, uma casa de praia em Guarujá, um apartamento em Campos do Jordão, caderneta de poupança, ações... O apartamento onde moravam ficou com ela, pois as crianças eram pequenas – 5 e 7 anos. Houve acerto sobre a questão da pensão e dos fins de semana alternados com cada um dos pais.

O problema surgiu com o cachorro. Quem ficaria com o Átila? Apesar do nome, Átila era muito dócil e afetivo. Não houve acerto. A possibilidade de uma semana para cada um foi rejeitada: o animal poderia ficar traumatizado. O juiz, agora, deverá dar a sentença.

Vivemos numa época em que o respeito pelo ser humano está diminuindo e o respeito pelo animal está aumentando. O mercado brasileiro de animais movimenta bilhões de reais por ano. É o segundo mercado internacional, só perdendo para os Estados Unidos.

Na Bíblia Sagrada os animais aparecem seguidamente. Em sua primeira página, ela conta que, no quinto dia, Deus criou peixes, aves e animais (Gn 1,20-25). Além disso, no dilúvio, Noé abrigou na arca um casal de cada espécie, uma jumenta deu lições ao profeta Balaão e um peixe engoliu Jonas.

São Francisco é considerado o padroeiro dos animais. Ele extasiava-se diante da Criação e, por isso, chamava de irmãs a todas as criaturas.

Os animais costumam ser companheiros inseparáveis da infância. Dom Bosco dizia: "Nunca será má uma criança que cresceu cercada de animais".

Mesmo assim, tudo tem seu limite. Os animais não devem ser maltratados, mas é ridícula a atitude daquele ou daquela que chama um cachorro de meu filho, minha filhinha... Deus e o bom senso querem que cuidemos de toda a Criação. Somos inquilinos na terra e precisamos cuidar da cadeia da vida. No entanto, ele, no Dia da Verdade, quererá saber como cuidamos do próximo, dos irmãos e irmãs. Cuidar dos animais é deixá-los no seu lugar.

A Bíblia diz que Deus criou tudo do nada, mas, quando chegou a vez da criatura humana, como um cuidadoso oleiro moldou com barro o primeiro homem, Adão. Depois, soprou sobre ele. Este sopro é o beijo de

Deus em sua criatura. E um dia, em Jesus Cristo, Deus se fez homem para salvar a humanidade. E os anjos anunciaram: "Paz na terra aos homens que ele ama" (Lc 2,14).

Deus apaga o pecado

Traçando um horizonte novo no campo da educação, Guy Claxton, professor do Kings College de Londres, propõe a abolição da tradicional borracha de apagar e seus equivalentes modernos. Sua teoria, desenvolvida em dezessete pontos, sustenta que os erros e enganos que a criança comete não devem desaparecer. Elas não se devem envergonhar de seus erros e os educadores precisam observá-los para ensinar melhor.

Seus críticos fazem restrições. Ponderam que cada criança tem uma maneira de reagir e que a teoria carece de comprovação, pois ainda se trata de novidade, surgida na virada do milênio. Claxton se inspira em Jean Piaget. Para o mestre suíço, o aprendizado da criança passa por diversos estágios e cada um deles merece metodologia própria.

A última palavra em educação ainda não foi dita e muitos dogmas educacionais acabam no lixo. Mesmo assim, parece tranquila a posição de que as iniciativas educacionais devem levar em conta a criança. Já os antigos diziam que, para ensinar matemática ao Pedrinho, por exemplo, é preciso antes conhecer o Pedrinho e depois a matemática. O bom senso garante que é injusto tratar de maneira igual realidades diferentes.

A teoria de Guy Claxton parte de um princípio inquestionável. Na vida, tudo o que fazemos é nosso para sempre. Podemos comparar a vida a um livro. Cada dia é uma página. Não se pode usar a borracha ou deletar, na linguagem da informática, o que está feito. Não é possível amassar o papel e pedir nova folha. Aquilo que escrevemos, está escrito para sempre. Os judeus queriam que Pilatos retirasse da cruz a frase: "Jesus Nazareno, Rei dos Judeus". Mas Pilatos disse: "O que escrevi, escrevi".

Não podemos voltar ao início da vida e tentar recomeçar. Podemos começar agora e fazer com que o fim seja diferente. O passado é para sempre nosso. As escolhas são definitivas. Porém, nada nos impede de, hoje, fazermos novas escolhas. E essas escolhas podem partir dos erros cometidos. Mais uma vez, os antigos nos iluminam: por vezes, vale mais uma cabeçada que dez conselhos.

No lado moral, a avaliação é diferente. O fato permanece, mas sua coloração muda. O que era pecado pode virar apenas uma recordação: o que foi erro pode tornar-se experiência. O erro vale a pena quando nos ensina alguma coisa.

De resto, Deus não tem memória, Ele é só coração. Na famosa oração penitencial – Salmo 50 – atribuída ao rei Davi, se diz, por três vezes, que Deus apaga nosso pecado. Ele usa, sempre, a borracha da misericórdia.

Dê uma chance ao planeta

De todos os problemas mundiais, sem dúvida, o mais grave e urgente é o da ecologia. O planeta Terra está mortalmente ferido, em ruínas, transformado em lata de lixo. E o problema cresce em proporções geométricas. O que obrigou o Papa Francisco a escrever a primeira Encíclica do seu pontificado: *Laudato Si'*. O Papa evoca Francisco de Assis e mostra a tragédia que pode acontecer, caso o homem não mude radicalmente seu modo de agir.

Germaine Greer, com base em sua experiência na Austrália, escreveu um livro pedindo uma chance para o Planeta. A terra tem grandes feridas: morros desnudos, terras férteis arrastadas ao mar, tesouros de biodiversidade aniquilados, ar, terra e água envenenados. Germaine garante que, apesar de tudo isso, a terra insiste em se renovar. O poder de recuperação e restauração do Planeta é quase inacreditável. Depois que retroescavadeiras deixam os canteiros de uma obra, com a terra nua e devastada, logo surgem pequenos arbustos, de sementes trazidas pelo vento, inclusive lírios e papoulas.

No final da Segunda Guerra Mundial, desiludido com a humanidade e a civilização, um médico suíço da Cruz Vermelha buscou, na região onde passara a infância, o silêncio e a paz. A decepção foi imensa: nada restara da paisagem de sua memória. Era apenas uma área seca, devastada, com mínimos sinais de vida.

Refeito do impacto, achou que devia fazer alguma coisa. Com base em sua influência, pediu aos amigos que lhe enviassem qualquer tipo de semente ou mudas de árvores. Ele mesmo buscou, longe dali, sementes de cedros, carvalhos, pinheiros e outras árvores. Dia após dia, plantava dezenas, centenas de sementes ou mudas. Isso durante três anos. Depois, voltou para a cidade.

Quando retornou, anos depois, a paisagem mudara: muitas árvores haviam crescido. Ao lado dos cedros, brotavam arbustos floridos ou carregados de frutos vermelhos ou amarelos. O riacho, que havia secado, voltou a correr, borboletas, pássaros e pequenos animais haviam voltado.

Dê uma chance ao Planeta Terra. O muito se faz com o pouco de cada um. Cada habitante da Terra, informa a Universidade de Yale, tem uma herança de 420 árvores. Plante mais uma, proteja a que está ameaçada, coloque um pouco de farelo para as rolinhas, caminhe 100 metros e descarte vidros e pilhas no lugar correto. É preciso mudar os hábitos.

Dê uma chance à terra, dê uma chance aos irmãos e irmãs, dê uma chance a si mesmo.

Podemos todos recitar o *Cântico das criaturas*, de Francisco de Assis: "Louvado seja, meu Senhor, pela irmã e Mãe Terra". Busquemos uma tradução mais precisa da primeira página da Bíblia: em vez de dominar, *cuidar* da terra, o Jardim de Deus (Gn 1,28).

Casar no céu e viver na terra

O Papa Francisco e a Igreja inteira estão preocupados com os problemas que afetam a vida das famílias. Nunca como agora os ventos e as tempestades sopraram com tamanha força. O Sínodo dos Bispos foi uma tentativa de chegar às raízes da crise. No Brasil, nos últimos cinco anos – informa o IBGE (Instituto Brasileiro de Geografia e Estatística) – o número de divórcios aumentou em 75%. A cada quatro casamentos, um se desfaz. Isso sem contar com os casais que vivem juntos, depois se separam, sem registro em cartório.

O Evangelho aponta uma causa fundamental para o êxito ou fracasso do casamento: construir sobre a rocha ou construir sobre a areia (Mt 7,24). Parece evidente que nossa civilização e nossas comunidades eclesiais estão utilizando mais a areia do que a rocha. A sensibilidade substituiu a racionalidade. *Nós nos amamos e isso basta*, parece ser a razão fundamental da vida a dois. Quase sempre, o namoro e o noivado são vividos no céu, mas a vida a dois transcorre aqui na terra. Existem três momentos na caminhada do amor: *antes, durante e depois.* A cerimônia decorre em um dia, mas o casamento é para a vida toda.

Os dias que antecedem o casamento são tensos, nervosos, confusos. Os noivos, pela menos uma vez na vida, querem ser o centro do mundo. As leis da lógica, do trânsito, da gravidade e da conveniência, pelo menos uma vez, são abolidas. Céus e terra devem parar diante do maior espetáculo da história. Os detalhes do evento são estudados longamente. Por vezes, se esquece o resto. Há tanta preocupação com a moldura que se esquece o quadro.

Daí vem o dia seguinte. Os noivos, então, descem das nuvens e pousam no cotidiano. Ainda mais nos dias de hoje, em que se vive em meio à correria. Por vezes, o casal trabalha fora, nem sempre as refeições são feitas em comum e não sobra tempo nem para conversar. O tão comentado personagem Pequeno Príncipe fala de cativar: somos responsáveis pelo que cativamos. Uma vez que, sobretudo nos primeiros tempos, o casal é feliz, ele se esquece de Deus. Mas parece não ser bom o critério de buscar a Deus somente quando a infelicidade bate à porta ou quando é tarde e a casa já ruiu.

Casar não é querer ser feliz, mas fazer feliz a pessoa escolhida. Casar é comprometer-se a cuidar um do outro, no melhor sentido da palavra. O casamento é um jardim que pode ser invadido. Casamento supõe a dimensão do perdão, perdão dado e recebido. O amor tem um dinamismo incrível. Mas não podemos apenas sacar do banco do amor, é preciso investir nele. Felicidade não é um objetivo a ser alcançado, é um modo de caminhar. Casamento é realizado no céu, mas vivido na terra.

Meus amigos e os outros

Um estudioso persa chamado Manés tentou resumir a história do mundo num conflito entre o bem e o mal. Até aí, tudo bem. Porém, Manés sustentava que o bem e o mal se encontravam em estado puro, isto é, sem mistura. As pessoas e as coisas ou eram totalmente boas ou totalmente más. Luz e trevas estavam em conflito permanente. A matéria é intrinsecamente má e o espírito totalmente bom. Manés acabou crucificado no século III, mas suas ideias não morreram com ele.

Nos primeiros séculos do Cristianismo, essa visão foi acolhida por muitos, mesmo com a condenação da Igreja. Até Santo Agostinho teve de entrar em campo contra o maniqueísmo. Ainda hoje é possível encontrar certa propensão a esse modo de pensar. O maniqueísmo se mantém vivo nas questões práticas. Daí surge a condenação do corpo como inimigo do espírito e, sobretudo, os julgamentos radicais.

Meus amigos são totalmente bons e meus inimigos, totalmente maus. O maniqueísmo se manifesta na política, nos grupos religiosos, nas torcidas de futebol, nos movimentos da Igreja e na pastoral.

O povo consagrou uma frase, de forma irônica: meus amigos não têm defeitos, quanto aos inimigos, se não os têm, eu invento. Os do meu grupo – fé, política,

77

clube, organização – são perfeitos, enquanto os outros são incoerentes, falsos, maldosos. Não é possível qualquer ação conjunta.

O Evangelho repele esse modo de julgar e nos fala do trigo e do joio (Mt 13,26). São muito parecidos, possibilitando enganos. Podemos achar que é bom trigo, quando é joio. Acontece o contrário: ter aparência de joio e ser trigo. Por essa dificuldade de avaliar, Jesus Cristo, nos poupa desse erro quando recomenda: não julgueis (Mt 7,1). Só no fim haverá a revelação da realidade.

Julgar é pretender ser dono da verdade, achar-se infalível e com direito de interpretar e julgar a vida e os atos dos demais. Julgar é pretender ser infalível. E, quando surge o erro, contra-atacamos. Errados são os outros. Dotados de filtros poderosos, julgamos sem apelação, incapazes de ver o bem. E aí se associam duas irmãs terríveis, que respondem pelo nome de inveja e ciúme.

Nesse ponto, Francisco de Assis é o mestre. O outro é o irmão. E o irmão é maior que seu pecado. Por isso, encantou-se por ele. "Depois que o Altíssimo me deu irmãos", explica o santo, "foram eles que me revelaram a vontade do Pai."

Sabedoria da tartaruga

Pertencente à família dos quelônios, a tartaruga é um dos animais mais conhecidos e populares do Planeta. O grupo compõe-se de mais de 300 espécies e habita lugares diversificados: oceanos, rios, lagoas e florestas tropicais. Símbolo da tranquilidade e da lentidão, ela pode viver mais de 80 anos. O naturalista Charles Darwin comprovou a existência de uma tartaruga com 176 anos nas ilhas Galápagos. Nas memórias familiares, a tartaruga celebra a façanha, em tempos antigos, quando superou, numa corrida, a veloz lebre.

A tartaruga marinha põe entre 80 e 120 ovos. O calor encarrega-se de chocar os ovos e, ao nascer, as pequenas tartarugas correm para o mar, onde iniciam uma longa viagem pelas águas desconhecidas. Um dia, já adultas, depois de ultrapassar os perigos do mar, retornam para a praia de onde saíram para pôr seus ovos no mesmo local. Só ali se sentem completamente seguras.

A misteriosa viagem da tartaruga ilumina a vida humana. Um dia os filhos deixam a tranquilidade da casa paterna em busca do seu destino. Ondas gigantes, águas traiçoeiras, animais predadores fazem parte dessa viagem. Mas a saudade da casa paterna permanecerá para sempre. Cedo ou tarde, irão se lembrar da casa paterna como o único lugar onde se podem sentir seguros. Alguns voltarão para casa, outros, mesmo não retornando, carregarão a certeza de que ali é a pátria da tranquilidade, onde serão sempre acolhidos.

A nossa família pode não ser como sonhamos. Nossos pais podem não ser os melhores. Não importa. Carregamos pela vida a certeza de que ali é o melhor lugar do mundo, e essa certeza alimentará nossa caminhada e nossa confiança. Levamos em nossa alma as montanhas, vales ou planícies onde nascemos.

A família já viveu tempos melhores. Hoje, tempestades de todo tipo açoitam essa instituição. Mesmo assim há uma certeza: ela é insubstituível. É a escola da fé, da sabedoria e da ternura que alimentará nossos sonhos futuros. O Evangelho fala do filho pródigo que um dia decidiu ser feliz do seu jeito e buscou – sem encontrar – a felicidade em lugares distantes. Mas a saudade da casa do pai foi invencível e ele voltou e encontrou a porta aberta.

A tartaruga é lenta, mas conhece seu destino. Menos que a velocidade, importa saber o caminho certo. Ultrapassadas as ilusões da vida, é inteligente dar-se conta onde se situam os valores e onde é nossa casa. Tudo pode mudar, menos nossa casa e, na porta, somos acolhidos pelo abraço incondicional do Pai.

Soma de ganhos e perdas

Um rato da roça convidou um amigo dele, que morava na cidade, para ir visitá-lo em sua tranquila toca, em campo aberto. O rato da cidade não se sentiu muito à vontade, pois achou o jantar oferecido muito fraco: somente alguns grãos envelhecidos e algumas raízes sem muito gosto. "Venha para a cidade", sugeriu o visitante, "aquilo lá que é vida! Lá temos um grande estoque de comidas. Aqui você sofre muito."

Dias depois estava o rato da roça em sua nova vida. O amigo não mentira. Havia uma dispensa muito grande, repleta de queijos, pão de cevada, amendoim, biscoito, bombons e outros produtos que o rato do interior não conhecia, mas que deviam ser apetitosos. E a festa começou. Mal havia descascado o primeiro amendoim, alguém abriu a porta e os ratos tiveram de fugir em louca disparada.

Quando o silêncio retornou, os ratos voltaram para o banquete. O queijo parecia o prato mais apetitoso. Mal roída a casca, a porta voltou a se abrir e houve nova e desesperada corrida. Mais tarde, ouviram-se os aterradores miados de um gato. O rato da roça não quis saber de mais nada, agradeceu o convite e explicou: "Sua vida é um luxo, mas muito perigosa. Vou voltar para minha casa, onde posso comer minha comidinha em paz".

Essa história é muito antiga e traz a marca de Esopo, um fabulista grego que viveu cerca de 600 anos a.C. No entanto, a lição continua atual. Ela nos convida a avaliar as atitudes, o custo-benefício de cada coisa. Na vida, temos ganhos e perdas. Quase sempre um ganho supõe uma perda, e uma perda pode gerar um ganho. Aproveitando a história dos ratos como exemplo, damo-nos conta de que a vida nos apresenta muitas armadilhas, por vezes, mortais.

Vivemos hoje um tempo de abundância e de consumo. Mas, como o rato da fábula, nos sentimos cercados de perigos. O medo é nosso companheiro. Temos medo de tudo e de todos. É o preço que pagamos pela ganância, pelo acúmulo de bens, pelas necessidades criadas e pelas conquistas que nos escravizam. Imaginamos possuir coisas, mas são elas que mandam em nós. O que fazemos pelo dinheiro está longe daquilo que o dinheiro faz por nós. O pouco é suficiente, mas queremos sempre mais.

Jesus, ao ensinar o Pai-Nosso, nos deu um projeto de vida. É inteligente que peçamos ao Pai o pedaço de pão necessário e suficiente para um dia. Mas nós desejamos um celeiro. O Evangelho fala de um rico que não tem celeiros suficientes para a grande colheita e que planeja construir mais celeiros, como reserva para muitos anos. Ele diz a si mesmo: "Repousa, come e bebe, regala-te". E Jesus avalia: "Insensato, nesta noite morrerás. E as coisas que acumulaste, de quem serão?" (Lc 12,20).

É possível que o rato da roça tenha razão. Teresa de Calcutá, Mahatma Gandhi e Irmã Dulce dos Pobres pensavam como ele. Avaliaram ganhos e perdas e escolheram muito bem. Não escolheram os bens materiais, mas os irmãos e, com a fraternidade, a paz.

Certezas que enganam

Um viajante precisava atravessar uma cadeia de montanhas. A área apresentava dificuldades: florestas, pântanos, trilhas e encruzilhadas perigosas. Por sentir medo, procurou um mapa detalhado de toda a região. Mais ainda: contratou um guia que conhecia palmo a palmo a região e que também iria atravessar a área montanhosa. Os dois partiram, o viajante controlava seu mapa, enquanto o guia se orientava pelos sinais colocados ao longo do caminho.

Depois de algumas horas de caminhada, surgiu um atrito entre os dois. O guia insistia em tomar um rumo diferente do assinalado no mapa. O viajante recusou: esse caminho não está no meu mapa; seguindo por ele, caminharemos para a morte. O guia explicou: "Houve um deslizamento e a pista indicada no mapa está obstruída; por ela não chegaremos a lugar nenhum. Nasci aqui e conheço a área em detalhes".

Insensível ao argumento do guia, o viajante fechou a questão: "Seguirei o caminho do mapa". Os dois separaram-se. O guia chegou ao destino. Quanto ao nosso viajante, ninguém sabe o que lhe aconteceu.

Há cinquenta anos, João XXIII, o Papa Bom, o Papa do Concílio, alertava para os sinais dos tempos. Ele conhecia o mapa, mas estava suficientemente atento a esses sinais, pelos quais Deus nos alerta e interpela. A história, com todas as suas contradições, é o lugar preferencial da manifestação de Deus. "O Verbo se fez carne e habitou entre nós", explica João no prólogo do seu Evangelho (Jo 1,14). Uma tradução mais livre ajuda no entendimento dessa frase: E Deus se fez história e armou sua tenda entre nós.

Nosso tempo está cheio de sinais de Deus. Um desses sinais é o Papa Francisco. Um papa do Terceiro Mundo que, com palavras e atitudes, questiona algumas falsas certezas de hoje. Ele chama atenção para coisas óbvias, mas esquecidas. Lembra que alguns mapas de nosso tempo podem estar desatualizados. Há fraturas expostas em nossa sociedade que precisam ser levadas em conta. Ali estão os jovens, as drogas, ali está a natureza em agonia, ali está a família, sacudida por tempestades. Seguir por esse caminho pode ser perigoso.

Um grande pensador do século XIX – Louis Veuillot – aconselhava a ter a Bíblia numa das mãos e um jornal na outra. Não podemos ter apenas a Bíblia na mão, é preciso ler também os sinais na história humana. Com eles, Deus nos orienta sobre caminhos obstruídos e suas encruzilhadas. Certamente, outros caminhos são possíveis... Possíveis e necessários.

Dar lugar ao diferente

Ela era extremamente caprichosa e gostava de flores. Passava horas cuidando do jardim. Tinha preferência por algumas flores, as que eram bem coloridas. Preparar o canteiro era a maneira preferida de esperar a primavera. Escolheu com muito cuidado as espécies que iria plantar e cuidou do alinhamento, pois seu jardim deveria ser perfeito.

Quando as mãos mágicas da primavera fizeram germinar as sementes, percebeu algumas diferenças nas pequeninas hastes, e elas se tornaram maior quando as flores desabrocharam. No meio de suas flores preferidas existiam outras, diferentes e mais discretas. Inconformada, foi até a loja onde comprara as sementes. A vendedora não soube explicar. Ela, então, comprou outras sementes e refez todo o canteiro. Algumas semanas depois, nova decepção: em meio às flores escolhidas, estavam as outras, como no canteiro anterior.

Novamente buscou uma explicação para o fato. Mas nem mesmo um velho e sábio jardineiro tinha uma resposta para o fato. Depois de breve silêncio, o sábio sugeriu: "Por que você não aprende a gostar também dessas flores?".

Todos temos padrões de beleza e de estética. É o nosso jeito de ser. Isso vale para o cuidado da casa, para o modo de preparar um churrasco, para o modo de rezar, para uma seleção de músicas, para um canteiro de flores. É o estilo que adotamos. Mesmo assim, é necessário admitir que existem outros modos de ver a realidade.

William Kennedy passou por dezessete editoras até que uma delas aceitasse publicar seu livro *Vernônia*,[1] sucesso absoluto. Giuseppe Verdi foi recusado no primeiro teste no Conservatório de Música de Milão. O inventor do telefone recebeu inicialmente um não, e até teve que ouvir que seu invento era um brinquedo interessante, mas inútil. A poderosa IBM não quis adquirir a patente do computador, alegando que no mundo existe lugar para três ou quatro desses equipamentos.

Em todos os casos, prevaleceu o pensamento do único. Uma mesma coisa pode ser feita de muitas maneiras. É a racionalidade que não permite o diferente. Deixe o coração agir e perceberá que as possibilidades são numerosas. Dom Helder Camara costumava dizer: "Se discordas de mim, tu me enriqueces".

É, sobretudo, na família que o diferente deve ser aceito. É sinal de maturidade dar espaço para a originalidade do outro. Cada um tem um jeito de ser, de

---

[1] KENNEDY, William. *Vernônia*. 13. ed. Rio de Janeiro: F. Alves, 1987.

amar, de ver a vida. O diálogo – falar e escutar – cria um caminho de harmonia saudável. "Quem não está contra nós, está a nosso favor", explicou Cristo aos apóstolos (Mt 9,38).

Diferentes e maravilhosos ramalhetes podem ser feitos com diferentes flores.

O "sim" e "não" na hora certa

A cena teve lugar no zoológico. A mãe girafa preparava-se para dar à luz e muitos curiosos presenciavam a cena. A girafa permaneceu de pé e o filhote despencou de uma altura de quase dois metros. No chão, a girafinha, ainda zonza, debatia-se, tentando ficar de pé. Depois de alguns minutos, o filhote conseguiu ficar em pé, com o aplauso da plateia. Indiferente aos aplausos, a mãe girafa deu uma patada e colocou o filhote, de novo, no chão. Mais uma tentativa do filhote e um novo coice.

A torcida ficou sem entender e colocou-se contra a mãe desalmada. O pessoal do zoológico deveria tomar alguma providência; a mãe poderia machucar ou mesmo matar o filhote. Foi a vez do biólogo do zoológico explicar: a mãe está sabendo o que faz. Aparentemente é uma atitude agressiva, sem amor, mas é a maneira de ela fortalecer as patas do filhote para que possa acompanhá-la e fugir dos predadores.

Depois da terceira tentativa e do terceiro coice, finalmente a girafinha firmou-se e correu para a mãe. Aí, sim, a mãe lambeu a cria, acariciou-a e parecia dizer: "Parabéns, você conseguiu!". E mãe e filha saíram, caminhando lado a lado.

É proibido proibir. Esse foi o grito de guerra da Revolução de Maio de 1968, quando os jovens – *enfants enragés* – pararam a França durante semanas. O presidente De Gaulle devolveu a tranquilidade ao país, mas o espírito da Revolução de Maio ganhou o mundo.

Há crianças, hoje, que, no alto de seus 6 ou 7 anos, proclamam: "Mãe, você não manda em mim!". Pior do que isso, é quando os pais aceitam essa tirania infantil. A tirania se manifesta também na escola, quando a professora parece ser a última a mandar ali. E muitos pais, míopes, autorizam a rebeldia dos filhos, colocando-se contra os professores.

Quando os pais não castigam seus filhos, a vida se encarrega de fazê-lo, diziam os mais velhos. No passado se praticavam castigos corporais, humilhantes e duros. Hoje, todos são contra esse tipo de atitude. No entanto, os pais têm obrigação de apontar limites aos filhos. Devem indicar o certo e o errado, o direito e o dever, pressupostos normais para a vida social. Quando os limites não são fixados, estaremos criando crianças egoístas e antissociais.

Os pais têm o dever de dizer "sim" e "não" aos filhos, na hora certa. Muitas vezes, dizer "não" é um gesto de ternura; outras vezes, dizer "sim" é omissão. Amar é dizer "sim" e "não" na hora certa. O tempo, muitas vezes, ajuda a entender a atitude dos pais e até a agradecê-los. A atitude da mãe girafa nos ensinou a firmeza e a ternura, cada coisa no tempo certo.

Dúvidas sobre o dinheiro

O nome não importa. Era um homem comum. Tinha pouco dinheiro, mas era muito feliz. Sentia-se contente com a própria vida, com a profissão e com a família, embora houvesse coisas que ele não podia comprar por falta de dinheiro. Certo dia, quando caminhava pela estrada, encontrou, numa lata de lixo, um volume com grande quantidade de notas. Seu primeiro impulso foi levar o dinheiro para casa, imaginando tudo que poderia comprar com aquela fortuna.

Refletindo melhor, decidiu: "Não vou pegar este dinheiro". Até então havia sido feliz e conhecera pessoas com muito dinheiro, mas pouca felicidade. E concluiu: "Prefiro continuar vivendo com pouco dinheiro e muita dignidade". As notas ficaram profundamente chocadas com essa atitude: "Você deve ser um completo idiota! Todo mundo corre atrás de nós, enquanto você nos despreza". Então, garantiram as notas: "Como castigo, você não conhecerá a felicidade e a realização pessoal. Muitos gostariam de estar no seu lugar! Ainda vai se arrepender disso, mas será tarde demais! Com dinheiro, tudo se compra".

Enquanto se afastava da lixeira, ele foi refletindo: "É verdade, com esse dinheiro eu poderia comprar uma cama de ouro, mas não poderia comprar o sono; poderia construir um palácio, mas nunca um lar; poderia comprar livros, mas não a sabedoria; poderia adquirir belas roupas, mas não a elegância; poderia comprar remédios, mas não a saúde. Por fim, ter um belo funeral, mas não uma morte digna. Com o dinheiro se pode adquirir quase tudo o que é perecível, porém, não se compra o essencial; pode-se comprar coisas da terra, mas não as do céu". E concluiu: "Fique onde está, pois esse é o seu lugar: a lata de lixo".

Na realidade, o dinheiro é uma mediação, pode servir para o bem e para o mal. O dinheiro pode ser sagrado ou maldito. Depende de como é usado. O dinheiro precisa conhecer seu lugar: o lugar do serviço. Ele é um péssimo patrão, mas pode ser um ótimo empregado. O próprio Jesus adverte sobre a dificuldade de o rico entrar no Reino dos Céus (Mt 19,23).

O dinheiro tem a tendência de se tornar valor absoluto, derivando para a ganância e a avareza. Gandhi constatava: "O mundo tem recursos suficientes para atender todas as necessidades de todas as pessoas, mas não tem o suficiente para satisfazer a ganância de poucos". Um homem de fé rezava: "Senhor, não vos peço o muito, mas não precisa ser o muito pouco; dai-me apenas o suficiente. E um coração agradecido".

O lance inicial é seu

O esporte ocupa um lugar cada vez mais importante na vida de todos. No passado tinha o domingo reservado como seu espaço próprio. Hoje, ocupa todos os dias da semana. Uma Olimpíada ou uma Copa do Mundo são transformados em megaeventos, mexendo até com o quase desativado patriotismo. Somas fabulosas circulam no meio esportivo. Os atletas transformam-se em semideuses e ganham mais que empresários e dirigentes do país.

O esporte fascina porque, de alguma maneira, simboliza a vida de cada um. O mundo é uma grande quadra esportiva, onde todos competem contra todos. Por vezes, há uma tênue linha separando a glória do fracasso. A derrota, no esporte, quase nunca é definitiva. "Perde-se uma batalha, mas não a guerra", consolam-se os técnicos.

Qualquer jogo depende da tática, da estratégia usada. Mesmo assim, a realidade mostra que apenas um vence, e os demais perdem. Depois da derrota, surgem as desculpas e racionalizações. "Fomos campeões morais", consolam-se os perdedores, "na próxima temporada tudo será diferente!"

Considerado o esporte das elites, o tênis tem seu dinamismo próprio. Um grande teórico da modalidade afirma: "No tênis, só não se pode errar o saque". Existe uma lógica: o saque é seu e tudo depende de você. No restante das jogadas, você depende dos outros. Mas o saque só depende de você.

Isso vale para a vida. São mil lances diante dos quais você precisa reagir. São bolas surpreendentes, bolas jogadas às suas costas, bolas indefensáveis. Mas o saque não. Este você não pode errar. Ele depende só de você.

A primeira grande sacada da vida é a escolha de uma vocação. Os outros podem até dar palpites, mas a decisão é sua. Você joga a bola para o alto e bate como quiser. É o início do jogo. Se você sacou bem, a vantagem é sua.

Outra grande jogada é o casamento. Mais uma vez, o saque é seu. Você pode escolher entre milhares, entre milhões. A vantagem é sua. Para isso existe o namoro e o noivado. O resto do jogo vai depender desse primeiro lance. Mais que sorte ou azar, existem causas e consequências.

Pare de culpar o juiz ou o azar. Também não espere pelos minutos finais ou pela prorrogação. Tudo acontece no presente. Se uma coisa é importante, não deixe para depois. O jogo pode terminar antes. Enquanto o jogo continua, você tem chance de mudar o placar. Não tem obrigação de vencer sempre. O compromisso é a luta. Você ainda não fez tudo o que podia, e só será derrotado no dia em que admitir a derrota.

Nunca é cedo ou tarde

Cheio de talentos e de fé, um jovem rezava assim: "Meu Deus, ajuda-me a mudar este mundo injusto". Ele tinha 20 anos. O tempo foi passando e, aos 40 anos, resolveu assumir um projeto menos ambicioso: "Meu Deus, ajuda-me a mudar minha esposa e meus filhos". Durante mais vinte anos, lutou bravamente para chegar à conclusão que nada havia mudado no mundo e em sua família. Já com os cabelos brancos, mudou sua oração: 'Meu Deus, ajuda-me para que eu possa mudar".

O fato recorda a história de um nobre inglês que também pretendia mudar o mundo. Depois de anos, reduziu seu projeto: queria apenas mudar a Inglaterra. Nem o mundo nem seu país mudaram. Resolveu mudar sua família. Esta também não mudou. Em seu leito de morte, lamentava-se: "Se eu tivesse mudado a mim mesmo, provavelmente teria tido alguma influência positiva na minha família, no meu país e no mundo".

Muitos querem mudar o mundo, mas partem de um ponto errado. Mudar a si mesmo é o necessário ponto de partida. De resto, seria pretensão mudar o mundo. Mas é um dever mudar a si mesmo.

Até determinada etapa da vida, muitos prometem: mais tarde. Depois de certa idade, há quem lamente: agora é tarde demais. É um erro aposentar os projetos.

95

É um erro também achar que *agora* é impossível. Os romanos antigos tinham uma divindade protetora do tempo que chamavam de *Opportunitas*, isto é, a Oportunidade ou o Tempo Certo. Cada etapa da vida tem suas peculiaridades, mas o caminho é único. As pequenas escolhas de cada dia projetam a escolha principal.

Um provérbio árabe garante que quatro coisas não voltam atrás: a flecha disparada, a palavra proferida, a ocasião perdida e o tempo desperdiçado. A vida é vivida uma única vez. Nessa caminhada, a correção de rota deve ser uma constante. Isso passa pelas nossas escolhas, bem ou malfeitas. As escolhas que valem não são aquelas que fizemos no passado, mas as que fazemos hoje.

Se uma coisa é importante, não podemos deixar para amanhã. O tempo de Deus é hoje. O passado não está mais ao nosso alcance, o futuro é uma possibilidade, e só temos o presente. E todas as coisas acontecem no presente.

Obras-primas da humanidade – poemas, esculturas, invenções – foram feitas por jovens de 20 anos. Igual número de obras maravilhosas foram criadas por pessoas com 80 ou mais anos. Nunca é cedo demais, nunca é tarde demais. Agora é o momento exato. Paulo insistia: "Esquecendo-me do que fica para trás, prossigo para o alvo, que é Cristo" (Fl 3,13).

A mudança de marcha

A vida se presta a muitas comparações. Ela pode ser comparada a um rio, a um livro, a um jogo ou uma novela. Todas as comparações são boas, mas nenhuma esgota as alternativas.

Vamos optar por uma viagem feita de automóvel. O pressuposto é estar no caminho certo, evitar acidentes e chegar ao ponto desejado. A experiência nos mostra que a vida nada tem de monótona. Cada dia, cada curva do caminho, traz novidades.

Há momentos na vida em que é necessário *acelerar*. Porque é preciso andar rápido, você deve estar preparado. Mas não queira ficar muito tempo nesse ritmo. Há um ponto onde você precisa *desacelerar*. A vida, de vez em quando, deve lembrar uma viagem a passeio. A velocidade impede de perceber as paisagens e ver que há outras pessoas à margem ou no mesmo caminho. Assim sendo, de vez em quando, é preciso *trocar de marcha*.

Se você andar rápido demais, pode provocar um acidente. Se andar muito lentamente, pode ser ultrapassado pelos outros ou sequer chegar ao lugar para onde se dirige. Em algumas ocasiões, você precisa *parar*. É preciso para relaxar um pouco, consultar o mapa do percurso a ser feito, ver as condições do carro e a reserva de combustível.

O ato de parar pode evitar acidentes ou até que se tome o caminho errado. E não está excluída a possibilidade – e necessidade – de uma *marcha a ré*. Nunca você ficará sem opções, desde que saiba engatar a ré. Não importa o tempo e a velocidade, o importante é chegar.

Lembre também que, na vida, ninguém anda sozinho. De alguma maneira, sua família anda com você ou depende de sua viagem. A seu lado, também viajam outras pessoas. Aí surge a questão de direitos e deveres. A prudência e o respeito pelos outros fazem parte da viagem. Você pode precisar deles e eles de você. E não esqueça: respeite os sinais de trânsito.

Numa viagem complicada como a da vida, é preciso ter um mapa confiável. A Palavra de Deus é necessária para que você saiba em que parte do caminho está. É importante também consultá-la nas encruzilhadas. A escolha não deve levar em conta as condições da pista de rolamento e a largura da rodovia. Essencial é estar no caminho certo.

Nos momentos difíceis, lembre que alguém pode socorrê-lo e ajudá-lo a mudar de caminho. O Evangelho aponta Jesus como *Caminho, Verdade e Vida* (Jo 14,6). Segui-lo é a certeza de estar no caminho certo e chegar até onde você precisa ir. O fim da viagem é a casa do Pai.

Mantenha sempre a calma

Existem aqueles dias em que nada dá certo. A pessoa fica então à beira de um ataque de nervos. Muitas vezes, quem nada tem a ver com o problema acaba recebendo as sobras. Quase sempre a família também se vê envolvida nessa tempestade. A pessoa irritada acaba criando um clima de guerra, se alimenta mal, dorme mal, com possibilidades de tornar-se estressada.

No filme *Um dia de fúria*,[1] Michel Douglas extravasa sua raiva quebrando tudo o que encontra pela frente. Seria até uma boa ideia fazer isso, caso não existisse o risco de ser preso ou de ter de arcar com os prejuízos.

Na cidade norte-americana de Dallas, surgiu uma possibilidade melhor, a "Sala da raiva". Pagando uma pequena quantia – cerca de 25 dólares –, a pessoa pode quebrar tudo o que quiser: móveis, telefone, televisor, computador, portas de vidro, louças... O acesso de fúria tem um tempo determinado: apenas cinco minutos. Mediante outros 75 dólares, a pessoa pode prolongar o quebra-quebra por mais meia hora. No fim da terapia, o cliente pode levar um vídeo de seu desempenho. Outra

---

[1] *Um dia de fúria*. Direção: Joel Schumacher, Produção: Timothy Harris, Arnold Kopelson, Herschel Weingrod. Estados Unidos, França, Reino Unido: Le Studio Canal+, Regency Enterprises, Alcor Films, 1993.

instituição parecida atende pelo nome de "Ginásio dos desabafos".

Existem maneiras melhores e mais saudáveis para readquirir a calma. Os mais antigos recomendavam contar até cem ou mesmo até mil, antes de assumir uma postura violenta. Vale também a sugestão de deixar para o dia seguinte sua decisão. Quase sempre a pessoa muda de atitude e se torna mais sensata.

O ritmo de muita gente, hoje, beira à loucura. O número de compromissos, a urgência em decidir, o excessivo tempo de trabalho, as noites maldormidas, a busca de alívio na bebida, acabam colocando os nervos em frangalhos. A pessoa, nesse caso, precisa programar melhor sua vida, distribuindo melhor o tempo, fazendo uma escala de prioridades.

Melhor que a "Sala da raiva" é, por exemplo, uma longa caminhada após o expediente ou, pelo menos, no fim de semana. Outros combatem a tensão indo pescar, ouvindo música, assistindo a um filme ou fazendo pequenas atividades no jardim. Ajuda na terapia também uma conversa franca com os envolvidos no problema. O diálogo tem um valor medicinal e os familiares podem também colaborar na recuperação da tranquilidade.

Gritar não quer dizer que a pessoa tenha razão. Fale com voz tranquila e ouça as ponderações dos outros. A calma é sempre importante e precisa ser assumida, sobretudo, nas decisões mais difíceis. Não derrube pontes, pois pode precisar delas. Pense no dia seguinte.

Crie espaços de silêncio e peça que Deus o ilumine. Evite supor que você é perfeito, admita os erros e – se for o caso – ria de si mesmo. Lembre-se: você não está procurando culpados, mas uma solução. E existem três pontos de vista: o seu, o do outro e o certo.

Entre o absurdo e o sentido

Sísifo, filho de Éolo, é um dos personagens mais fascinantes da mitologia grega. Tido como o mais astuto dos mortais, sua maior façanha foi aprisionar a Morte. Durante algum tempo, nenhum homem morreu. Mas houve a vingança dos deuses e Sísifo foi condenado a um rotineiro e absurdo castigo por toda a eternidade. Sua pena era rolar uma pesada pedra montanha acima. E, quando se aproximava da meta, a pedra rolava de volta ao ponto de partida e ele tinha de recomeçar sua tarefa, sem esperança, para sempre.

Com base nessa lenda – *O mito de Sísifo* –, o escritor francês Albert Camus construiu toda uma teoria sobre o absurdo da vida: uma luta sem esperança, a inutilidade da vida, um fatalismo sem redenção. "Mesmo assim, está tudo bem", dizia Camus. A mesma linha é seguida por outro filósofo francês, Paul Sartre, quando retrata a vida como um grande palco, onde somos jogados. Não sabemos o enredo, nem o nosso papel. Sartre insiste: "Somos viajantes de um trem que não sabemos para onde vai. Nem mesmo temos o bilhete da passagem".

Contra o absurdo de Camus e Sartre, a esperança cristã mostra que a vida tem sentido. Cristo veio desmascarar o fatalismo da história humana. O Evangelho mostra que é sempre possível recomeçar. A fé ri-se das impossibilidades. O cego começa a ver, o surdo a ouvir, o paralítico a andar, a mulher adúltera recupera sua dignidade e ao morto é devolvida a vida. Jesus, diante de um pai aflito, garante: "Tudo é possível para aquele que tem fé" (Mc 9,23). Surpreendente é também a resposta do oficial: "Eu creio, Senhor, mas ajuda minha falta de fé".

A história humana e a história de cada um trazem a marca do sofrimento. As conquistas são sempre transitórias, e a cada dia é preciso recomeçar. A pedra de muitas conquistas rola pela montanha e, por isso, se torna necessário recomeçar. O tecido da vida cristã precisa ser refeito a cada dia ou, pelo menos, de tempos em tempos. O mal se torna desafiante sempre que a pedra rola montanha abaixo.

Há dois eixos fundamentais na luta do cristão. O primeiro deles: não estamos sozinhos. Cristo prometeu estar conosco todos os dias até o fim do mundo (Mt 28,20). O segundo ponto refere-se à dignidade da luta. Felizes os que morrem nas grandes batalhas, mesmo sem terem visto a vitória. O cristão tem compromisso com a luta e não com o triunfo. Cristo, no Grande Dia, não nos questionará sobre o sucesso, mas sobre a luta. Não importa que a pesada pedra esteja quase no topo ou na planície. Importa que a morte nos surpreenda em meio à luta. Teremos a tranquilidade de esclarecer: embora servos inúteis, fizemos o que devíamos fazer, combatemos o bom combate.

O silêncio dos bons

No final dos seis simbólicos dias da Criação, Deus olhou sua obra e viu que tudo era bom (Gn 1,31). A bondade inicial daquela primeira manhã não durou muito. Adão e Eva "pisaram na bola". Naturalmente ninguém quis assumir a responsabilidade. E isso continua acontecendo nos dias de hoje. Todos estão cheios de boa vontade e todos querem reformar o mundo. Mas começam pelo lugar errado: os outros. A tese é ilustrada por quatro irmãos, de nomes e vida complicados. Assim se chamavam: *Alguém, Ninguém, Qualquer Um e Todo o Mundo.*

Diante de um trabalho a ser feito, *Todo o Mundo* tinha certeza de que *Alguém* o faria. *Qualquer Um* poderia tê-lo feito, mas *Ninguém* o fez. Diante do impasse, *Alguém* ficou zangado porque era um trabalho que *Qualquer Um* poderia fazer, mas *Ninguém* imaginou que *Todo o Mundo* deixaria de fazê-lo. No final, *Todo Mundo* culpou *Alguém* porque *Ninguém* fez o que *Qualquer Um* poderia fazer.

Somadas as atitudes dos quatro irmãos, o mundo ficou como está. Por vezes, imagina-se que pecar é fazer algo de errado. "Eu não fiz nada", justificam-se muitos. Porque muitos não fazem nada, a confusão é geral. Trata-se do grande pecado da omissão. Pilatos não fez nada e até mostrou isso lavando as mãos. Mesmo assim, foi cúmplice da maior injustiça praticada na terra. Martin Luther King lamentava-se: "O que me assusta não é o grito dos maus, mas o silêncio dos bons".

Minúsculos grãos de areia desenham praias imensas; o mar é formado por gotas de água; letras e mais letras originam poemas; de centavo em centavo formamos um milhão e reduzidos minutos somam horas, dias e séculos. Uma eleição pode ser ganha por um voto, e alguns segundos podem significar a vitória ou a derrota numa competição olímpica.

Não devemos buscar o reconhecimento de um vizinho, a manchete no jornal, uma condecoração. Depois que tivermos feito a nossa parte, com tranquilidade, admitamos: "Somos servos inúteis, fizemos apenas o que devíamos fazer" (Lc 17,10).

Não conseguiremos mudar o mundo, mas podemos mudar muitas coisas, a partir de nós mesmos. E não ganharemos nada em acusar os outros. Quem são *os outros*? São os políticos, os filhos, os pais, os vizinhos, os funcionários públicos, os outros... Deixe *Todo Mundo* em paz, não acuse *Ninguém*, nem vire o rosto para *Alguém* porque *Qualquer Um* poderia fazer isso. Mas você fará diferente!

Como encarar o desafio

Numa propriedade rural, à beira de uma lagoa, uma pata e uma galinha construíram seus ninhos. Pequenos arbustos criavam um ambiente de tranquilidade e segurança. Numa noite chuvosa, aconteceu a tragédia. Um animal predador comeu os ovos e destroçou os ninhos. Todos os ovos da galinha foram comidos, mas sobraram alguns dos ovos da pata. As duas aves ficaram desesperadas. A pata fugiu para longe, mas a galinha adotou os ovos que ali ficaram e passou a chocá-los. Passados alguns dias, nasceram quatro graciosos patinhos.

Todas as manhãs, a galinha levava os patinhos a passear e os ensinava a ciscar e comer pequenos insetos. Aí surgiu outra tragédia: os patinhos pareciam, irresistivelmente, atraídos pela água da lagoa. Cacarejando, ela advertia os patinhos dos perigos e os elevava para longe. Mas, num belo dia, seus esforços foram inúteis. Em clara oposição às recomendações, os patinhos caíram na água. Em vez de se afogarem, como temia a mãe, encontraram seu elemento natural, deslizando e mergulhando na água, numa festa inesquecível. E a galinha, embora contrariada, teve de acostumar-se com o fato.

O instinto levou a galinha a chocar os ovos abandonados e esse mesmo instinto fez os patinhos mergulharem no lago. O ser humano não é só instinto, mas também inteligência e vontade. Ele é capaz de contrariar o desejo e dizer "sim", quando gostaria de dizer "não", e dizer "não", quando o "sim" pareceria mais atraente. A galinha agiu por instinto, mas muitos homens e mulheres fazem esse mesmo gesto por amor. Hoje aumenta o número de voluntários e cuidadores que distribuem amor gratuito onde ele se faz mais necessário.

Diante da tragédia, a pata desistiu. Sentiu-se derrotada e incapaz de recomeçar. Para a galinha, a tragédia foi maior, contudo, ela encontrou um novo motivo para viver. Só é derrotado quem desiste. E a história está cheia de heróis e santos que partiram de suas limitações e fracassos e souberam construir algo de novo e maravilhoso. Os nomes daqueles que desistiram não são conhecidos. Ficaram na vala comum da mediocridade.

"Nossos filhos não são nossos filhos, mas são filhos do mundo" – frase de Khalil Gibran. Os pais podem fazer tudo pelos filhos, menos decidir e viver por eles. O compromisso paterno é fazer com que os filhos criem raízes. Isso significa dar a eles uma correta escala de valores, situar o sentido da vida e o caminho da felicidade. Mas há um momento em que eles assumem as rédeas de suas vidas. Eles criam asas.

Alertá-los é o dever dos pais, mas a escolha é dos filhos. Haja o que houver, cabe aos pais manter aberta a porta do diálogo. Podem divergir, mas devem continuar amando.

Perguntas e respostas

Filho único, nasceu e passou a infância no interior. Com grande esforço, o pai o mandou para a universidade. Uma vez formado, conseguiu um bom emprego e estabilidade na vida. Mas não era feliz. Leu centenas de livros, ouviu conferências de pessoas famosas, viajou muito, mas não conseguia uma resposta decisiva para a vida. Um invencível tédio o impedia de ser feliz.

Sendo assim, elaborou três perguntas que apresentou às pessoas que ele achava mais importantes e criteriosas, nas diversas instâncias do saber: *Qual o momento mais importante da vida de um homem? Qual a pessoa mais importante na vida de um homem? E qual a tarefa mais importante a ser realizada na vida de um homem?*

As respostas foram as mais diversas. Cada uma partia de um ponto de vista diferente e das experiências vividas. Todas elas representavam parte da verdade, mas nenhuma delas o satisfazia. Começou a cultivar o desencanto, convencido de que a vida, conforme Sartre dizia, era um absurdo. Era um teatro não ensaiado, sem roteiro, sem saber qual seria o seu papel e o papel dos outros.

O rapaz visitava regularmente a casa paterna e seus pais. Um dia, resolveu apresentar aquelas perguntas a seu velho pai. Este, sem pensar muito, respondeu:

"O momento mais importante da vida de um homem é sempre o momento presente. A pessoa mais importante é sempre aquela que está a sua frente e a tarefa mais importante na vida é ser feliz".

Madre Teresa de Calcutá também deu sua receita. Ela começa exatamente com a afirmação: o dia mais importante é hoje. A religiosa enumera algumas posturas que cabem no hoje da vida: a fé, a capacidade de servir, o perdão, a paz, o dever cumprido e o sorriso. E conclui dizendo que a mais bela de todas as coisas é o amor.

A receita de Madre Teresa não teve base em livros, mas numa vida totalmente dedicada aos mais pobres entre os pobres. Porém, incrivelmente, no meio dos sofrimentos e privações, ela foi feliz.

Como Teresa de Calcutá, o velho e analfabeto pai também aprendeu com a escola da vida e da fé. Jesus revelou: "Eu te louvo, ó Pai, porque ocultaste estas coisas aos sábios e as revelaste aos pequeninos" (Mt 11,25).

Francisco, o irmão de todos

Artistas, filósofos, historiadores, cientistas sociais, poetas, místicos debruçam-se sobre a figura de um "pobre homem" que viveu em Assis e morreu há quase 800 anos, na tarde de 3 de outubro de 1226. Francisco de Assis é o nome desse pobre homem, e ele foi considerado a figura mais importante do segundo milênio. Contrariando a lógica, isso originou o mais universal dos movimentos que formam a cultura moderna.

Em 19 de março de 1212, uma cena inusitada poderia ter desestabilizado todo o seu sonho de vida. Clara, uma jovem rica, de extrema beleza, pertencente à nobreza de Assis, fugiu do castelo em plena noite e buscou refúgio junto a Francisco. A prudência e o medo o aconselhavam a mandá-la de volta. Essa situação poderia causar um escândalo sem proporções. Mas Francisco a acolheu, cortou suas louras tranças e a fez companheira de seu sonho. Clara passou a residir num convento de irmãs beneditinas, até formar seu grupo.

Outro caso aconteceu nos arredores de Gubbio, onde um lobo feroz assustava a população e devorava os rebanhos. Mas Francisco foi ao seu encontro – sem medo ou ameaças – e a reconciliação aconteceu. O lobo deixou de assaltar e a população o adotou e passou a alimentá-lo.

Outro fato ocorreu num período em que a Cristandade encontrava-se em pé de guerra. *Deus o queria!* Era preciso massacrar os muçulmanos e recuperar os lugares santos. Bispos, reis, imperadores, senhores feudais aderiram ao chamado do papa dessa época. Enquanto os "soldados da cruz", com armas, dinheiro e ódio, dirigiam-se a Jerusalém. Mas, Francisco, sem armas ou escolta, em nome da paz foi visitar o sultão. E o que era um convite ao martírio, tornou-se encontro de irmãos.

O nome desse homem ganhou fama e seu profetismo cresceu. E em pleno século XXI, um Papa do Terceiro Mundo, Jorge Mario Bergoglio, Papa Francisco, buscou no seu nome inspiração para conduzir o Reino. Ele parecia ser capaz de devolver o paraíso terreal à humanidade. Tratava-se de alguém que não conheceu a palavra medo.

Qual é o segredo de Francisco? É um segredo simples, tão simples, que parece não ter significado algum. Ele descobriu que Deus é Pai e, por isso, todos somos irmãos e irmãs. Surge aí a fraternidade. E ela pode destruir a separação entre o homem e mulher, entre o sábio e o ignorante, entre a criança e os idosos. Ela é superior às divisas geográficas, faz do inimigo um amigo, faz do lobo um irmão.

Muito tempo depois, Lenine compreendeu que a Rússia não precisava dele, mas de um Francisco de Assis, e Chateaubriand condicionou a salvação a uma gota de sangue de Francisco de Assis nas veias da humanidade.

Falsificaram o Natal

De tanto ouvir e ver as mesmas coisas, o Natal virou rotina. Propagandas sem novidades, velhas canções dizendo as mesmas coisas, as ruas enfeitadas quase do mesmo jeito... O Natal perdeu a graça. E, para piorar, surge o Papai Noel, cansado e suado, com aquelas roupas de inverno num calor de 30 graus.

Um livro de Machado de Assis traz a pergunta: Mudou o Natal ou mudei eu? Onde está o Natal de outros tempos, com o pequeno presépio feito em casa, com um espelho imitando um lago e o pinheirinho com o algodão, lembrando a neve? Onde está aquele Natal que enchia de encanto e ternura o coração e as famílias?

O Natal foi sequestrado. Jesus foi roubado e em seu lugar tentam colocar panetones, perus, chocolates, presentes, muitos presentes. No lugar do Menino pobre de Belém, querem nos empurrar bonecas que falam e dançam, carrinhos com motor, que andam e acendem luzes, tênis iluminados e roupas provenientes do outro lado do mundo. Sem falar dos gulosos jantares, onde é quase impossível escolher entre tantos quitutes. Podemos, quem sabe, ir ao Procon (Fundação de Proteção e Defesa do Consumidor) e pedir que devolvam o Natal. Esse Natal que nos impingem está vencido, precisa ser retirado do mercado. É falsificado!

Como ponto de partida, é preciso colocar Jesus no centro de nossa festa. Não é o Natal do Papai Noel, em que se distribuem presentes para as crianças. É o Natal de Jesus, que veio trazer a todos o grande presente da salvação. É o Natal daquele que veio trazer a boa-nova aos pobres, excluídos e sem esperança.

Natal é também lembrar que o Menino cresceu e nos deixou um modo de viver. Um modo exigente, mas que inclui a misericórdia. Natal não é uma noite, mas uma vida. É uma atitude que envolve todas as noites, todos os dias. Natal é a certeza de que, para Jesus, não existem casos perdidos.

Em 1223, Francisco de Assis, o santo do presépio, decidiu: "Quero, neste ano, celebrar o Natal mais bonito de minha vida". Cada um de nós pode tomar essa decisão. Isso significará reinventar o Natal, utilizando menos lampadinhas e mais alegria. Um Natal com menos festas e mais paz. Um Natal onde Jesus é a figura principal. Troque seu Natal vencido por um Natal novo, um Natal com Jesus.

Eu vi o Senhor!

Formado na Universidade de Cornell, alto executivo da IBM, John Naisbitt causou sensação em 1980, quando apresentou as *megatendências* 2000. Ele profetizou um mundo sem fronteiras, o fim das ideologias, o livre mercado global, a ascensão das mulheres, a subida espetacular dos Tigres Asiáticos e o triunfo do individualismo e das minorias. A profecia que mais surpreendeu os críticos foi a do renascimento religioso, ou do retorno do Sagrado.

Tornou-se clássica a afirmação de Nietzsche: "Deus morreu!". Os profetas da morte de Deus não surgiram agora. Eles ganharam intensidade maior com o Iluminismo. "A espiritualidade", diziam os iluministas, "era privilégio dos ignorantes e devia ser jogada na lata de lixo". "Quantas divisões tem o Papa", interrogou o iracundo Joseph Stalin, "na partilha do mundo no pós-guerra?".

Hoje o pensamento religioso está em toda parte, embora de forma ambígua. Há religiões de todo tipo, tamanho e para todos os gostos. São centenas, milhares de religiões chamadas independentes. Sem passado, sem história, sem mística, sem coerência religiosa, sem futuro.

Qual é mesmo o pressuposto para fundar uma religião? No conflito com o Papa Pio VII, o Imperador

Napoleão recebeu uma tentadora proposta. Um certo Lepeaux ofereceu-lhe um projeto para uma nova religião. Com isso, o imperador estaria livre de Roma e de suas leis, poderia ficar com os bens das dioceses, divorciar-se e casar quantas vezes quisesse.

Mesmo percebendo as vantagens, Napoleão manteve o bom senso e indicou a Lepeaux suas condições: "Você será preso, flagelado, coroado de espinhos, crucificado e morrerá na cruz. Aí você ressuscita no Terceiro Dia. Depois disso, fundaremos a nova religião...".

A ressurreição de Jesus é um fato único e jamais se repetirá. A morte não devolve suas vítimas, mas o amor do Pai é maior do que a morte. Paulo apóstolo lembra que nossa fé sustenta-se sobre um pilar único: a ressurreição de Jesus.

É isso que festejamos na semana que chamamos de santa. Como as mulheres do Evangelho, voltamos ao túmulo e lá ficamos sabendo desta incrível, mas verdadeira notícia: ele voltou da morte. E com isso abriu, para nós, a porta da ressurreição.

Duas frases iluminam uma manhã única na história: "Ide à Galileia", diz o Senhor, "lá me vereis". O que significa: ele caminha à nossa frente. É o futuro. A outra frase foi dita por Maria, uma cortesã escandalosa de Magdala, denominada Madalena, mas que mudou radicalmente de vida, ao conhecer Jesus: "Eu vi o Senhor" (Jo 20,18).

Brincando com a morte

Um concurso lançado por uma empresa israelense pode ser a última chance de uma pessoa tornar-se célebre. O premiado será aquele que morrer primeiro e, nesse caso, nem mesmo poderá gozar de seus 15 minutos de celebridade. Para participar, o usuário da internet precisará gravar um vídeo para ser exibido após sua morte. Nos primeiros dias, cerca de 2 mil pessoas se inscreveram. O primeiro que morresse, entre todos os inscritos, teria o testemunho publicado em sites e portais de todo o mundo.

O programa virtual permitiu aos internautas gravar uma mensagem de despedida com vídeo e texto a ser publicado nas redes sociais após o falecimento. O regulamento prevê que o vídeo não será publicado em caso de suicídio ou quando houver interferências que visem antecipar a própria morte. A empresa estima que o primeiro ganhador sairia somente num prazo de vinte meses.

Bem, já que não temos como vencer a morte, podemos procurar duas maneiras de enfrentá-la. A primeira é, simplesmente, esquecê-la. Fazer de conta que ela não existe. A segunda maneira é tentar brincar com ela. Essa é a opção escolhida pelo israelense Eran Alfronta, criador do programa virtual. Depois de uma vida inteira no anonimato, na humilde rotina do dia a dia, há pessoas que optam por essa possibilidade, pela "imortalidade" provisória de 15 minutos, mesmo que elas não estejam ali presentes.

A morte é uma coisa séria. Sua sombra costuma pairar sobre as pessoas, sobretudo a partir de certa idade. O filósofo espanhol Miguel de Unamuno dizia que o homem é um animal doente, porque sabe que vai morrer. A vida pode ser definida como um aprendizado para a morte. Aprender a morrer é tarefa pessoal e irrepetível. Mas, antes disso, precisamos aprender a viver. O tempo é um dom de Deus, e nos é dado para nosso amadurecimento. Viver bem é a melhor maneira de preparar a morte. Mesmo assim, a morte se constitui no momento mais privilegiado da vida.

Na visão humana, a morte é um absurdo. Temos ânsia de viver para sempre e somos finitos. A visão da fé nos abre horizontes novos. Depois da morte, há um Pai de braços abertos para acolher seus filhos. Nesse sentido, a morte é um novo nascimento. É o Natal dos cristãos.

Os primeiros cristãos colocavam, na sepultura, o dia do nascimento, mas não o do nascimento para o mundo, e sim o do nascimento para a eternidade. A ternura de São Francisco descobriu na morte uma irmã, a irmã mais velha que nos entrega ao Pai.

A morte tornará definitivo não o último momento, mas nosso projeto de vida. É o apito final e vale o resultado do jogo. Mas é um jogo de cartas marcadas; Cristo morreu por nós, dando-nos a condição de ressuscitados. São Paulo proclamou: "Vivos ou mortos, pertencemos ao Senhor" (Rm 14,8). Para Shakespeare, depois da morte há um mistério; para o cristão, depois da morte há vida.

Impresso na gráfica da
Pia Sociedade Filhas de São Paulo
Via Raposo Tavares, km 19,145
05577-300 - São Paulo, SP - Brasil - 2017